哲学の問題とはポイントの問題である

ウィトゲンシュタインの中心概念を読む

tanida yuki
谷田雄毅

目次

第Ⅱ部　心とアスペクト

哲学の問題とはポイントの問題である　ウィトゲンシュタインの中心概念を読む

ウィトゲンシュタインの著作からの引用

ウィトゲンシュタインの著作や講義録からの引用は慣例に従い、以下に示す略号とページ数あるいはセクション番号で、遺稿からの引用は、ＭＳ番号、ＴＳ番号とページ数で該当箇所を指定する。遺稿についてはｗｅｂ上で公開されているWittgenstein Archives at the University of Bergen（http://wab.uib.no/transform/wab.php?modus=opsjoner）を参照している。引用の際、筆者による補足は〔　〕で示している。

AWL：*Wittgenstein's Lectures, Cambridge 1932–35, from the Notes of Alice Ambrose and Margaret MacDonald*, ed. Alice Ambrose (Blackwell, Oxford, 1979).（野矢茂樹訳『ウィトゲンシュタインの講義　ケンブリッジ１９３２－１９３５年』講談社学術文庫、二〇一三年）

BB：*The Blue and Brown Books* (Blackwell, 1958).（大森荘蔵・杖下隆英訳『ウィトゲンシュタイン全集６　青色本・茶色本』大修館書店、一九七五年／永井均訳『ウィトゲンシュタインの誤謬――『青色本』を掘り崩す』ナカニシヤ出版、二〇一二年）

BT：*The Big Typescript: TS 213*, tr. and ed. C. G. Luckhardt and M. A. E. Aue (Blackwell, 2005).

CPE："Communication of Personal Experience" In *Ludwig Wittgenstein: Dictating Philosophy*, ed. A. Gibson and N. O'Mahony (Springer, 2020).

CV：*Culture and Value*, ed. G. H. von Wright in collaboration with H. Nyman, tr. P. Winch (Blackwell, Oxford, 1980).（丘沢静也訳『反哲学的断章――文化と価値』青土社、一九九九年）

LA：*Lectures and Conversations on Aesthetics, Psychology and Religious Beliefs*, ed. C. Barrett (Blackwell, Oxford, 1970).（藤本隆志訳『ウィトゲンシュタイン全集10　講義集』大修館書店、一九七七年）

LFM：*Wittgenstein's Lectures on the Foundations of Mathematics, Cambridge 1939*, ed. C. Diamond (The University of

Chicago Press, 1976).（大谷弘・古田徹也訳『ウィトゲンシュタインの講義　数学の基礎篇』講談社学術文庫、二〇一五年）

LWI：*Last Writings on the Philosophy of Psychology, vol. I*, ed. G. E. M. Anscombe, G. H. von Wright, and H. Nyman, tr. C. G. Luckhardt and M. A. E. Aue (Blackwell, 1982).（古田徹也訳『ラスト・ライティングス』講談社、二〇一六年）

LWII：*Last Writings on the Philosophy of Psychology, vol. II*, ed. G. H. von Wright and H. Nyman, tr. C. G. Luckhardt and M. A. E. Aue (Blackwell, 1992).（古田徹也訳『ラスト・ライティングス』講談社、二〇一六年）

LWL：*Wittgenstein's Lectures, Cambridge 1930–32, from the Notes of John King and Desmond Lee*, ed. Desmond Lee (Blackwell, 1980).（山田友幸・千葉恵訳『ウィトゲンシュタインの講義Ⅰ　ケンブリッジ１９３０―１９３２年』勁草書房、一九九六年）

M：*Wittgenstein Lectures, Cambridge 1930–1933 from the Notes of G. E. Moore*, ed. David G. Stern, B. Rogers, and G. Citron (Cambridge University Press, 2016).（藤本隆志訳『ウィトゲンシュタイン全集10 講義集』大修館書店、一九七七年）

PG：*Philosophical Grammar*, ed. R. Rhees, tr. A. J. P. Kenny (Blackwell, 1974).（山本信訳『ウィトゲンシュタイン全集３ 哲学的文法Ⅰ』大修館書店、一九七五年）

PI：*Philosophical Investigations*, ed. P. M. S. Hacker and Joachim Schulte, tr. G. E. M. Anscombe, P. M. S. Hacker and Joachim Schulte 4th edn (Blackwell, 2009).（藤本隆志訳『ウィトゲンシュタイン全集８ 哲学探究』大修館書店、一九七六年／鬼界彰夫訳『哲学探究』講談社、二〇二〇年）

PPF：“Philosophy of Psychology—A Fragment” In *Philosophical Investigations* (Blackwell, 2009).

PR：*Philosophical Remarks*, ed. R. Rhees, tr. R. Hargreaves and R. White (Blackwell, Oxford, 1975).（奥雅博訳『ウィトゲンシュタイン全集２ 哲学的考察』大修館書店、一九七八年）

RFM：*Remarks on the Foundations of Mathematics*, ed. G. H. von Wright, R. Rhees and G. E. M. Anscombe, 3rd. edn (Blackwell, 1978).（中村秀吉・藤田晋吾訳『ウィトゲンシュタイン全集７ 数学の基礎』大修館書店、一九七六年）

RPPI：*Remarks on the Philosophy of Psychology, vol. I*, ed. G. E. M. Anscombe and G. H. von Wright, tr. G. E. M. Anscombe (Blackwell, 1980).（佐藤徹郎訳『ウィトゲンシュタイン全集 補巻1 心理学の哲学1』大修館書店、一九八五年）

RPPII：*Remarks on the Philosophy of Psychology, vol. II*, ed. G. H. von Wright and H Nyman tr. C. G. Luckhardt and M. A. E. Aue (Blackwell, 1988).（佐藤徹郎訳『ウィトゲンシュタイン全集 補巻2 心理学の哲学2』大修館書店、一九八八年）

TLP：*Tractatus Logico-Philosophicus*, tr. D. F. Pears and B. F. McGuinness (Routledge and Kegan Paul, 1961).（野矢茂樹訳『論理哲学論考』岩波文庫、二〇〇三年）

WVC：*Ludwig Witgenstein and the Vienna Circle: Conversations recorded by Friedlich Waismann*, ed. B. McGuiness, tr. Joachim Schulte and B. McGuiness (Blackwell, 1979).（黒崎宏訳『ウィトゲンシュタイン全集5 ウィトゲンシュタインとウィーン学団』大修館書店、一九七六年）

Z：*Zettel*, ed. G. E. M. Anscombe and G. H. von Wright, tr. G. E. M. Anscombe (Blackwell, Oxford, 1967).（黒田亘・菅豊彦訳『ウィトゲンシュタイン全集9 確実性の問題・断片』大修館書店、一九七五年）

はじめに

「ねえクレイグ、人形師の何が好き？」

「…少しの間他人になれるところかな 他人の中に入り込み、違う考えをして、違う動きをして、違う感覚を知る」

「…私の中に入ってみる？私のように考え私のように感じるの」

「それはいいね マキシーン」

「最高よクレイグ あなたが想像してるよりずっと」

――『マルコヴィッチの穴』

1　ものの見方という概念――国境線と地平線

他の人に見えているものが自分にはきちんと見えていないという感覚がある。映画を観ていても、小説を読んでいても、美術館で絵画を鑑賞していても、私はあまりに多くのものを容易に見落としてしまう。だから、他の人にはそれがどのように見えているかがいつも気になってしまう。

『her／世界でひとつの彼女』などで知られる映画監督スパイク・ジョーンズに『マルコヴィッチの穴』（製作1999、原題は"Being John Malkovich"）という作品がある。オフィスにある「穴」を通じて、誰でも俳優ジョン・マルコヴィッチの頭の中に一五分だけ入ることができるというストーリーだ。その穴に入れば、私が私のままでありながら、マルコヴィッチのものの見方だけを手に入れることができる。マルコヴィッチのように世界を見ることができる。ちょうど同時期に日本でもB'zというロックユニットの「たとえばどうにかして君の中 ああ入っていって その瞳から僕をのぞいたら……」という曲が世間を賑わしていた。このような空想をしたことがある人は、おそらく少なくないはずだ。

自分のリアクションがあまりに周囲とズレていたり的外れだったりすると「自分だけが別のものを見ている」、あるいは「別の世界に住んでいる」という説明をついつい受け入れたくなってしまう。しかしもちろん、他の人と本当に別のものを見ていたり、別の世界に住んでいたりするわけではないし、私も本気でそのように信じているわけではない。

こういうときに「見方」という概念が顔をのぞかせる。わたしと彼ら／彼女らは確かに同じものを見ている。しかしわたしと彼ら／彼女らとでは「見方」が異なるのだ、という具合に。（ここでは「見方」を、音楽の「聴き方」や食べ物の「味わい方」まで含めてひろく「捉え方」のような意味で用いている。）この道具立てがあればこそ、わたしと彼ら／彼女らは見方を異にしながらも、あくまで同じものを見ている、同じ世界の住人であり続けることができる。属する文化、性、年齢、知識、過去の記憶、性格など、ひとりひとりがもつさまざまなパラメーターに応じて、われわれのものの見方は四方八方に発散しつづける。しかし見方にどれほどの距離が広がろうとも、それによって見えている対象それ自体が違うものになってしまうわけではない。「違う見え」が「違う対象」に潰れてしまうのを阻んでいるのが「見方」という概念なのだ。

　もうしばらく見方の違いが問題になる場面について考えてみよう。典型的な場面として挙げられるのは、多義図形と呼ばれるものの知覚である。本書でも再三にわたって言及することになる、心理学者ジョセフ・ジャストロー（1863-1964）がデザインしたこの図形は、ウサギとアヒルの二通りに見ることができる不思議な図形だ。この同じ一枚の絵が、ある人にとってはウサギに見えるのに、他方の人にとってはアヒルに見えるということが起こりうる。そこに一切の矛盾はない。このとき、二人は同じ絵に対して別の見方（ウサギとしての見方／アヒルとしての見方）をもっていることになる。こうした場面において、確かに見方の違いを問題にすることができる。

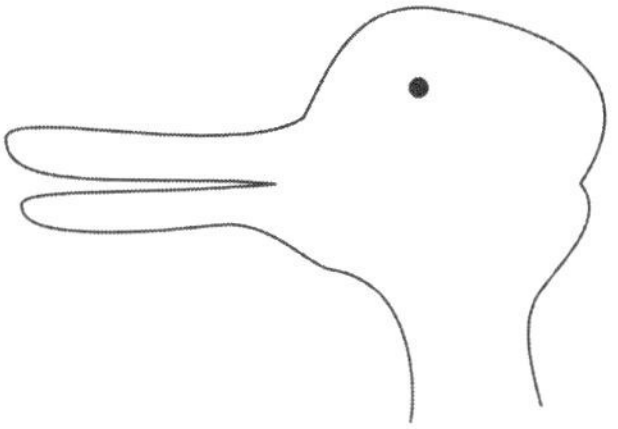
ジャストロー図形（cf. PPF §118）

　しかしこの想定にはやや不自然なところがある。というのも多義図形の場合、相手側の見え方がどのようなものであるかが、自分の側ですでにわかっていたり想像できたりしてしまうことがほとんどだからだ。そもそも多義図形は、あらかじめどのように見られるべきものかを想定してデザインされている。そしてたいていの場合、少し努力すれば作者が念頭に置いている複数の見えのいずれにも到達することができてしまう。じっさいわれわれは、いまそれをウサギとして見ているとしても、見ようと思えば今度はそれをアヒルとして見ることもできるのだ。その意味でそれがどのように見えるかは、それをどのように見ようとするかという意図の問題であり、その見方の違いは比較的簡単に乗り越えることができてしまう。

しかし見方の違いが問題になるのは多くの場合、相手側にどう見えているのかがわれわれの側からは見当もつかないという状況ではないだろうか。冒頭で述べた私が経験する疎外感や恐怖感、びくつきは、まさにこの種のものである。同じ映画や小説や絵画が、向こう側にいる人にどう見えているのかがわからない。手をかえ品をかえ、相手がその見方を私に提示してくれようとしても、私はどうしてもそのように見ることができない。しかしこうした状況でも、対象から引き出されるふるまいや反応の微妙な違いによって見方が違っていることだけは私にわかるのである。あるいは、自分とは異なる見え方が存在することだけは私に予感されるのである。こうした場面でも――向こう側の見方に到達することがこちら側からはできなくても――、いやこうした場面でこそ、「見方」という概念はより切実に求められるのではないだろうか。

哲学者の入不二基義は、国境線と地平線という卓抜した比喩を用いて、ふたつの質的に異なる線引きのあり方を指摘している(入不二 2009a 11-3頁)。国境線とは、国の複数性を前提として向こう側とこちら側という同じ資格を持った、異なるもの同士のあいだに引かれる線である。そしてその線は――現実的には何らかの事情で難しかったとしても――、原理的には跨ぎ越えることが可能である。それに対し、地平線の向こう側とこちら側は同じ資格をもった異なるもの同士の関係にはない。地平線があったところまでずんずんと歩いていっても、こちら側が不断に更新され続けていくだけで、決して向こう側に到達することはできない。

線のようにも機能する概念だと言うことができる。同じ資格を持った複数の見方（たとえばウサギと（やや忠実さを欠いているが）この入不二の比喩を援用するならば、「見方」は国境線のようにも地平アヒル）を前提にして、われわれと彼らのあいだに線引き（国境線）をする。あるいは向こう側に行くことが原理的にできないような場面で、われわれと彼らのあいだに線引き（地平線）をする。本書の主題となるのは、国境線や地平線のようにわれわれと彼らのあいだに線引きをする、この「見方」という概念である。

2　ウィトゲンシュタインという哲学者

本書の主人公であるルートヴィッヒ・ウィトゲンシュタイン（1889-1951）という哲学者は、この見方という概念に取り憑かれた人間の一人であった。まず彼がどのような哲学者であったのかについて、一般に通用しているおおまかなイメージを確認しておこう。[1]

ウィトゲンシュタインはしばしば、二〇世紀最大の哲学者のひとりとされる。しかしそれは、彼

（1）ウィトゲンシュタインの伝記的事実については、いまなおMonk（1990）が一級の資料となっている。

が典型的な哲学者であったことを必ずしも意味しない。(2)では何がウィトゲンシュタインを典型的な哲学者ではなくしているのだろうか。その答えは彼の哲学観に求められる。彼は哲学の問題（「存在とは何か」や「時間とは何か」など）を、解決を必要とするような真正な問題だとは考えなかった。彼はその生涯のうちで自らの思考のスタイルを劇的に作り変えていくことになるが、哲学の問題を、知性がもたらす病（ことばの使い方に関して混乱しており、自分が何を言っているのかがわからなくなっている状態）だと見なすスタンスを崩すことはなかった。こうした哲学観があらわれている所見をいくつか拾ってみよう。

哲学的問題とは、「どうしていいかわからず、私は途方に暮れている」という形をしている。（PI §123）

（哲学者は、しばしば幼児のようだ。幼児はまず鉛筆で、好き勝手な線を書きなぐってから、大人に「これ、なあに？」とたずねる。――こんなことがあった。大人が子どもに何度か、絵を描いてみせて、「これは男の人」、「これは家」などと言ったのである。すると子どもも線を何本か引いて、「じゃあ、これは、なあに？」と尋ねたのだ。）（CV 24／邦訳70頁）

哲学者とは、健康な人間の常識を手にいれるまえに、自分のなかに巣くっている、たくさんの

知性の病気を治さなければならない人のことだ。(CV 50/邦訳 127 頁)

過去の哲学者たちを悩ませてきた問題がすべて知性の病として位置づけられるとき、彼自身にとって唯一リアリティをもつ「哲学」は、そうした病の「治癒」(cf. PI §255) あるいは、問題の「解消」というかたちをとることになる。[3]

哲学の問題は、われわれの概念の問題の無秩序に気づくことである。そしてわれわれの概念を整理することによって取り除かれうる。(BT 309)

本当の発見とは、私が望むときに、哲学を途中で止めさせてくれるような発見である。——哲学に平穏をもたらし、哲学が自分で問題にした問いによって鞭打たれることがなくなるような発見である。(BT 316; PI §133)

(2) その点では、同年生まれのマルティン・ハイデガー (1889-1976) は、二〇世紀最大の哲学者のひとりでありかつ、典型的な哲学者であったと言えるかもしれない。

(3) ウィトゲンシュタインは病気の兆候としての哲学と、自身がコミットする治療としての哲学とを使い分けている。

このようにウィトゲンシュタインが自認する「哲学」とは、それなしに済ませられるに越したことはないという類のものである。こうした非常に消極的な哲学観を打ち出したという意味でウィトゲンシュタインは、哲学史上のひとつ画期をなすと同時に、哲学史のメインストリームからは大きく外れた存在となっている。[4] 以上が世間一般に受け入れられている、おおまかなウィトゲンシュタイン像であるように思われる。

他方で、彼の書き残したもののなかにはもう少し別の仕方で哲学の営みを捉えているものもある。

哲学の仕事は…本来はむしろ、自分自身にかんする仕事である。自分をどうとらえるか。ものをどう見るか。（ものにどんなことを期待しているか。）（MS 112 46）

われわれがものを、あるいは世界をどのように見ているのかを反省すること。それによってわれわれが何者であるかを知るということ。つまり、ウィトゲンシュタインにとって哲学とは、単に治療という消極的な意義を有するばかりでなく、ものの見方の吟味を通じて、自己理解や自己知を得るという積極的な意義をもつ活動でもあったのである。こうした観点に立つとき、この哲学者のもつ別の顔——たとえば、古代ギリシアの「自己への配慮（epimeleia heautou）」の伝統や、あるいは「哲学とは世界を見ることを学び直すことである」と述べたフランスの現象学者メルロ＝ポンティ（1908-1961）の仕事とも比較されるようなオーセンティックな哲学者像——が浮かび上がってくる。[5]

本書がこれから試みるのは、後期ウィトゲンシュタインの哲学の全体像を、ものの見方――彼の言葉づかいに従うならば「アスペクト（Aspekt; aspect）」や「顔つき、相貌（Physiognomie; physiognomy）」――という概念を中心に据えて描き出すことである。ウィトゲンシュタインは、事物の最も重要なアスペクトは、単純でありふれているがゆえにそれに気づくことができないと言う（cf. PI §129）。ことばを使用しているとき、言語ゲームをプレイしているとき、ことばや言語ゲームに対してわれわれがすでに前提としてしまっている見方を賦活する。それによって、われわれの生のありかたに気づかせる。これが本書がこれから描き出そうとするウィトゲンシュタインの姿である。

（4）哲学観以外にも、彼のテキストのアフォリズムのようなスタイルや、理論や体系を作ることを拒む姿勢なども また、彼を哲学のメインストリームから遠ざけている要因になっている。
（5）生き方の修練や世界を見る見方の変容としての哲学をウィトゲンシュタインに読み取ろうとする研究として、Hadot（1995）（2004）を参照。またウィトゲンシュタインとメルロ＝ポンティとの比較研究としてたとえば Cerbone（2017）がある。

3 人類学としての哲学——異なった星からの訪問者の視点

ウィトゲンシュタイン哲学は、『論理哲学論考（*Tractatus Logico-philosophicus*）』（以下『論考』）の前期と『哲学探究（*Philosophical Investigations*）』（以下『探究』）の後期に二分されるのが一般的である（さらに細かい時期区分として、前期と後期の間の「中期」、そして『探究』以降の「晩年期」がある）。このうち本書が主に扱うのは、後期のウィトゲンシュタインである。この後期哲学はしばしば「人類学（anthropology）」的であると形容される[6]。中期のウィトゲンシュタインが、数学の記号使用を範として、ことばの使用をルールに従った記号操作とみなす傾向が強かったのに対し、後期の彼は、このルールとプレイ（実践）の優先順位を逆転させる（cf. 永井 1995 154-5頁）。プレイはいかなるルールにも支えられておらず「われわれはただこのようにやっている」（RFM-I §63）。こうしたルールに対するプレイの優位性という認識のもと、ビーバーの生態を調べるように（cf. MS 113 25）、あるいは他文化に属する人間の生態を調べるように、あらゆる言語ゲームを人間という一生物に関する「自然史（Naturgeschichte; natural history）」（PI §415）的、生態学的、人類学的事実と捉えそのプレイの場面を記述しようとする。その姿は人類学者による他文化の参与観察（participant observation）さながらだ。

もうひとつ、彼の哲学が「人類学」的と呼ばれるべき理由がある。それは彼の哲学の方法と関係している。人類学、特に文化人類学の仕事とは、非常にラフに言えば、他文化との比較を通じて自文化との差異を発見・発明する作業である（cf. 前川 2018; 松村・中川・石井 2019）。対象となる社会に入りフィールドワークを行う過程で、人類学者は彼らの世界との差異を「カルチャーショック（culture shock）」というかたちで経験する。そしてその社会に適応する過程を通じて、対象社会の「文化」を見いだすと同時に自らの「文化」を可視化していく。文化人類学者ロイ・ワーグナー（1938-2018）の言を借りれば、人類学者は、あたかも異なる文化がそこに存在しているかのように人間を研究しながら、そのじつ、自文化と他文化の差異を通して両方の文化を「客体化（objectification）」し、結果として両方の文化を「発明（invent）」しているのである（cf. Wagner 1975/2016, Chap. 1）。

そしてウィトゲンシュタインもまた、自身の哲学の方法として自他の「比較」（cf. PI §§130-1）という方法を特権的なものとして採用している。先に述べたとおり彼の哲学の目標は、言語ゲームやことばの使用に対するわれわれの「見方」を賦活することにある（cf. PI §§129-30）。このための手続きとしてウィトゲンシュタインは、われわれとは別様にことばを使用したり、別様に言語ゲームを

（6）中期から後期への転換はしばしば、中期の「計算的捉え方（calculus conception）」から「人類学的捉え方（anthropological conception）」へと形容される（Sedmak 1996; Pichler 2018; Engelmann 2013; Hacker 2010, 2013; cf. MS 117-172）。ただし、「人類学的」というラベルで何を意味しているのかについては、論者によって主張内容に微妙に違いがある（cf. Pichler 2018, Note 2）。また中期から後期への転換に、イタリアの経済学者ピエロ・スラッファ（1898-1983）が一役買っていることはよく知られているが（cf. Engelmann 2013; 鬼界 2013 236-45頁）、ウィトゲンシュタインは後に弟子のラッシュ・リーズ（1905-1989）に対して、スラッファとの話し合いから得た最も重要なことは哲学的問題に対する「人類学的な見方」であると語っている（Monk 1990, p. 261／邦訳 277頁）。

プレイしたりする他者との比較という道を選択する。単なるラベル上の符合にとどまらない、ウィトゲンシュタイン哲学の「人類学」的側面がここにも存在する。

しかし、彼の仕事を人類学のそれと単純に同一視することはできない。その違いはふたたび、国境線と地平線の比喩を使って説明することができる。文化人類学の場合、その比較は自文化と他文化という、――少なくとも建前上は――同じ資格を有するもののあいだでなされる（文化相対主義）。そしてこの文化同士の差異は、「もしわれわれが彼らと同じ文化に属していたら（彼らと同じ言葉を使っていたら、彼らと同じ教育を受けていたとしたら、彼らの暮らす環境で生きていたなら……）われわれはまさに彼らと同じようにふるまうだろう」と想定されているという意味で、「原理的」には乗り越え可能な差異である。これは、見ようと思えばアヒルとしても見ることができるが、じっさいにはウサギとして見ているという事態と類比的だろう。文化人類学が行うのは、国境線によって隔てられたところのこちら側とあちら側の比較であり、それがもたらす自己理解もまた、国境線の向こう側と対比されたところの、こちら側のありようということになる。

それに対しウィトゲンシュタインが比較対象として持ち出すことを好むのは、彼流の「思考実験」によって虚構された存在者である。かれのテキストには、われわれの言語使用と酷似しているのにどこか「関節が外れてしまっている」虚構の言語ゲームをプレイする「論理的狂気（logical madness）」（LFM p. 202／邦訳 380 頁）の人々がたくさん登場する。そうした虚構の概念を創造することの意義を彼は次のように強調する。

虚構の概念があってはじめて、われわれの使っている概念が理解できるようになる。そういう虚構の概念を作りあげることほど、重要なことはない。（Nichts ist doch wichtiger, als die Bildung von fiktiven Begriffen, die uns die unseren erst verstehen lehren.）（MS 137 78b）

虚構の概念とわれわれの概念との比較。(7) もしこの試みが首尾よくいけば、「何が彼らの言語使用をわれわれにとって「狂気」の存在にしているのか」と「われわれの言語使用のどこに「正気」が宿っているのか」とが同時に浮かび上がってくるはずだ。(8) しかし残念ながらわれわれは、国境線の

（7）この比較は、概念に対する新しい見方の存在に気づかせることによって、概念に対するわれわれのものの見方に気づかせる作業だと言い換えることもできる。弟子のノーマン・マルコム（1911-1990）によれば、ウィトゲンシュタインは自身の哲学の方法について次のように語ったという。「いちど講義の中で、彼は哲学的思考の手順について触れたことがあった。――私が教えるものは、ある表現の用法についての形態論である。私は、君たちが想像もしなかったような用法があることを示す。ふつう哲学では、ある概念を、あるきまった見方で見るように強いられていると感じるものだ。私の教えることは、べつな見方がありうるということを教え、あるいは進んでそういった見方を創造することである。今まで考えたこともないような見方がありうることを教える。君たちが、一つの、あるいはせいぜい二つの見方しかないと思っていたのに、外の見方もあると考えるようにさせたのだ。それからさらに、概念のあり方がせまい範囲にかぎられると思いこむのが馬鹿らしいということに気がつくように指導したのだ。こうして、君たちを身うごきできないようにしている考え方から解放して、自由に言葉を使えるように、また、いろいろちがった種類の用法に気がつくようにした。」（Malcolm 1984, p. 43／邦訳 62 頁）

向こう側に行くような感覚で、虚構された彼らの視点に完全に立つことはできないし、その視点に立って概念を使用するということがどういうことなのか、そういう概念使用を要求する生活がどのようなものなのかを、完全に理解することはできない。こちら側からわかるのはせいぜいのところ、われわれとは異なる言語ゲームのプレイの仕方、異なることばの使用の仕方、異なるものの見方の可能性が存在するということだけなのである。ウィトゲンシュタインが比較を通じて浮かび上がらせようとしているのは、地平線の向こう側と対比されたところの、こちら側のありようなのである。[9]

ウィトゲンシュタインの手にかかれば、文化人類学が向こう側として設定するような他者はみな、こちら側に位置づけられていく。したがってこういう言い方ができるかもしれない。ウィトゲンシュタインの哲学とは、**文化に相対的であるような、ありとあらゆる差異が捨象されたあとに残る「われわれ」人間についての人類学である、**と。[10] ところで、ウィトゲンシュタインの書いたものは「異なった星からの訪問者が人間の言語と取り組んでいる」（飯田・中井 2001 158頁；cf. 古東 2005 11頁）という印象を読者に与える。こうした印象をしっかりと受けとることは、彼の哲学の理解にとって非常に重要である。もし異なった星からの訪問者がわれわれの地球に降り立ち参与観察を開始するならば、文化に相対的であるようなあらゆる差異は——それがわれわれにとっていかに重要なものであったとしても——おそらく後景化してしまうに違いない。文化に相対的であるような差異が「瑣末なもの」として後景化してしまうほどに、われわれとは異なったあり方をしている彼ら。そうした彼らがわれわれの言語実践を見るときのような「見方」。ウィトゲンシュタイン哲学の中心に置かれるべき「見方」とは、文化によって相対的ではありえないほど動かしがたく、それゆえにあまりにありふれているとも言える、こうしたものの「見方」なのである。

4　哲学の問題とはポイントの問題である

何かしらの「見方」について論じるとき、ウィトゲンシュタインは特別な術語を用意している。それが「アスペクト（Aspekt; aspect）」である。「アスペクト」とは、文字通り目で見る対象についての「見方」「見え方」を指すこともあれば、もう少し抽象的な対象（たとえば、概念）についての

（8）本書のキーワードであるポイント概念を使って言えば、この問いは「何が彼らの実践を「ポイントのない（pointless）」ものと感じさせているのか」「何がわれわれの実践を「ポイントのある」ものにしているのか」と言い換えることができる。後述するように、ポイント概念は、比較という方法から要請される方法論的な概念であり、その意味で彼の哲学にとって本質的な役割を果たしている。

（9）ただし完全に理解を超えたものをそのまま、われわれの実践と比較することは出来ない。比較を可能にするためには、少なくとも何かを共有していると一旦は仮定する必要がある。この点については第2章で検討する。

（10）『探究』が「理解する」「知っている」「計算する」「信じている」「痛みがある」といった基礎的な概念の、さらに文化の違いに左右されない一般的な側面にのみ関心を寄せているのはそのためである。この点については、古田（2022）のとくに第3章が参考になる。

「捉え方」「把握の仕方」を指すこともあることばである。多少なりともウィトゲンシュタインの哲学に関心がある人ならば、彼のテキストのなかに、このアスペクトに関する一連の考察――しばしばアスペクト論と呼ばれる――が含まれているのを知っている人も多いかもしれない。「心理学の哲学――断片（Philosophy of Psychology――A fragment）」[11]のなかで彼は、無秩序な線にしか見えなかったものにひとつの見方が突如として閃いたり、あるいは別のものの見方に気づいたりするアスペクト転換の体験について、執拗とも思われる分析を行っている。彼の後期哲学の全体像を、見方という概念を中心に据えて描き出すためには、このアスペクト論を――単なるアスペクト体験の分析という位置づけをこえて――『探究』における概念の探究とどのように関係づけるかが大きな課題となる。[12]

『探究』といえば、そのキーワードとしてしばしば挙げられるのが「使用（Gebrauch; use）」と「言語ゲーム（Sprachspiel; language-game）」である。『探究』のなかで彼は「ことばの意味とはその使用」（cf. PI §43）であると宣言し、ことばの意味を知りたければ、それがどのように使われているかを見よとわれわれにすすめる。そしてことばが使用される場面のことを彼は「言語ゲーム」と呼ぶ。われわれの日常的な実践、たとえば、あいさつをしたり、お祈りをしたり、対象を測定して記述したり、経緯を報告したり、昨日見た夢を報告したり、物語を創作したり、劇を演じたり、翻訳したり……これらはすべて言語ゲームである。『探究』では「理解する」「知っている」「計算する」「信じている」「痛みがある」といったわれわれの生活に深く根ざしている諸概念が、どのような言語ゲームでどのように使用されているのか、そして哲学者たちのことばの使用がそこからどのように、そしてどれくらい離れているのかが探られていく。[13] 両者をつなぐ鍵として本書が着目するのが、「ポイントものの見方と、概念についての探究。両者をつなぐ鍵として本書が着目するのが、「ポイント（Witz）」という概念である。ウィトゲンシュタインの熱心な読み手であっても、この語に着目したことがないという人がおそらく大半だろう。じつは研究者のあいだでもこうした事情はさほど変わらない。この概念を主題的に扱った解釈研究は国内外を見渡してもほとんど存在せず、それどころか、事典・辞書の類にも独立した項目として取り上げられていないという状況が続いている。[14] そのようなマイナーな概念にことさらに着目する意味が本当にあるのだろうかと、不安に思う向きもあるだろう。

じつはこの概念の重要性については、ことあるごとにウィトゲンシュタイン自身が強調している。ここではそうした記述をいくつか確認しておくことにしよう。

（11）このテキストは、かつて『哲学探究』（*Philosophical Investigations*）第Ⅱ部と呼ばれていた。このテキストの位置づけの変遷については、Erbacher（2020）を参照。
（12）この課題に取り組んだ研究として、アスペクト論を第Ⅰ部の規則論と連続的に読む野矢（1995/2012）がある。また古田（2020）、271-90頁を参照。
（13）ウィトゲンシュタインがなぜこのような基礎的な概念ばかりを分析の対象として選ぶのかについては、古田（2022）の第3章に詳しい。
（14）たとえば、Glock（1996）や Richter（2014）のようなキーワード集に Witz の項目は見られない。

意味とはすなわち、ことばのポイントのことである。（Die Bedeutung: der Witz des Wortes.）（MS 130 43）

言語の使用は、われわれがポイントと呼ぶであろうものを通常はもっている。このことは計り知れないほど重要である。（LFM p. 205／邦訳 385 頁）

われわれはどういうケースで、文がポイントをもつと言うのだろうか。それは「われわれはどういうケースで、あるものを言語ゲームと呼ぶのか」と問うことに等しい。（In which case do we say that a sentence has a point? That comes to asking, “in which case do we call something a language game”.）（CPE §11）

哲学の問題とは、ポイントの問題である。（Die Problematik der Philosophie ist die Problematik des Witzes.）（MS 150 12）

細かい解釈はいったん措くとしても、こうした記述から見てとれるのは、この概念の解明なしに彼の哲学の全体像を捉えることはおよそ不可能だ、ということである。ことばの意味とは何か。何が言語ゲームを言語ゲームたらしめているのか。哲学とはどのような営みなのか……こうした問いに対し研究者たちは、さまざまな回答を試みてきた。しかし結局のところ、ポイントとは彼にとって何であったのかという課題がクリアされないかぎり、そうした答えはすべて不十分なものにとどまらざるをえない。

確かにポイントについて言及がなされている箇所はさほど多くはない。そして言及がなされている箇所でも、内容が断片的であったり、正直なところ何を言っているのか要領を得なかったりするところも多い（おそらく研究者たちが解釈に乗り出すことを躊躇うのはこれが理由だろう）。しかし数少ない言及箇所を手がかりにして、本書ではこのポイント概念に可能な限り接近してみたいと思う。

ちなみにここで「ポイント」と訳出しているドイツ語の“Witz”は、機知やウィット、眼目、ねらい、冗談等々の意味ももつ非常に多層的な概念である。[15] じつは長い哲学の歴史において、この語は途轍もなく大きな負荷を負ってしまっている。[16] しかし本書では Witz の概念史に踏み込むことはせず、あくまで「ウィトゲンシュタインがこの語に何を託しているのか」に議論の範囲を限定する。

（15）第3章で、ウィトゲンシュタインの「冗談」の扱いについて言及する。
（16）Witz の概念史については、Gabriel（2004）がよく整理されている。ガブリエルによれば、ドイツ語圏における Witz の使用は、クリスチャン・ヴォルフ（1679-1754）にまで遡ることができる。ヴォルフは、ラテン語の ingenium の訳語としてこの語を用いたが、これは、一六世紀後半には古英語で、ingenium の訳語として wit があてられていた伝統にならったとされる。また Witz に関して日本語で読める貴重な文献として、小田部（2009）の第7章を参照。

ポイントとは何であるかについて、あらかじめ本書の回答の方向性をおおまかに示しておこう。本書ではこのポイントという概念をアスペクト概念の一種として、アスペクト概念と同じような機能を果たすものとして解釈していくことになる（これが突飛な解釈ではないことについては、1章、2章で示していくつもりである）。つまりこういうことだ。アスペクト概念は、ある意味では同じものを見ているはずなのに、それでも別の意味で違うものを見ていると言いたくなるような事態に直面したとき、見ているものの違い（私が過去と現在で見ているものの違い、あるいは、現在における私と他者の見ているものの違い）を確保するために要請される。[17] この画像の知覚における「アスペクト」に相当する次元が、言語ゲームやことばの使用においても存在するのではないか。そしてそうした次元のことを、ウィトゲンシュタインは言語ゲームやことばの「ポイント」として問題にしているのではないだろうか。言語ゲームやことばの使用に対する見方のことをポイントと呼んでいるのではないだろうか。

もう少し説明しよう。われわれがプレイしている言語ゲームは、単なるルールの寄せ集めではない。ルールをもつ実践なら何でも、われわれがプレイしているところの言語ゲームになるわけではない。言語ゲームのルールには、われわれの生活に固有の「秩序」が備わっている。同様に、ことばもまたその使用の寄せ集めというわけではない。ルールをもって使用されさえすれば、それがわれわれの生活のなかできちんと場所を占めているところの、ことばになるわけでもない。またことばは、多くの場合複数の使用をもっているが、その使用同士にも固有の秩序が成立している。だとすれば、ルールや使用という観点だけからは届かない「意味」の次元が、言語ゲームやことばには存在するはずだ。そしてその意味の次元は、言語ゲームをプレイしたりことばを使用したりするときにわれわれの後ろに控えている、それらについての「見方」として取り出すことができるのではないか。これが本書の見立てである。

同じ線描を見ているのに異なるものを見ることの可能性が現に許されているように、同じルールに従っているはずなのに、じっさいには異なる言語ゲームをプレイしているということがありうる。あるいは、ことばを適用する状況が表面的には合致しているのに、じっさいにはことばの使い方が共有されていないということがありうる。ルールが共有されているのに、使用の場面が一致しているのに、それでもなお食い違う、われわれと彼らの食い違いを捉えるために要請されるのがポイント概念なのだとひとまずは言っておこう。

5　本書の構成

本書は「ことばの意味とは何か」を扱う第Ⅰ部「意味とポイント」（第1章〜第3章）と「心とは

（17）つまり同じものを見ているが、アスペクトが異なるという対処がなされるということである。この点については1章で詳述する。

何か」を扱う第Ⅱ部「心とアスペクト」（第4章、第5章）からなる。第Ⅰ部では、ウィトゲンシュタインの言語哲学（ことばの意味とは何か）、そしてメタ哲学（哲学とはどのような営みであるか）における「見方」＝ポイント概念の意義について、第Ⅱ部では、心の哲学（心が存在するとはどのようなことか）における「見方」＝アスペクト概念の意義について考える。なお第Ⅰ部と第Ⅱ部はそれぞれ内容的に独立しているため、どちらから先に読み始めてもらっても構わない。（ちなみに各章のタイトルは、ウィトゲンシュタイン自身の書き残したリマークから採用している。）

第1章「言語ゲームにはルールのほかにポイントがある」では、まず言語ゲームのポイントについて論じる。ここでの出発点となるのは、ルールを共有しているのに、同じゲームとは呼べないようなケースの存在である。それは、ルールだけでは言語ゲームを構成することができないことを意味する。言語ゲームのポイントとは、こうした、ルールの次元では区別できないふたつのゲーム同士の違いと密接に関係している。ところでこのポイントはしばしば「目的」として解釈される。ゲームにはルールと目的があり、ルールの観点からは区別できなくても、目的の観点からはゲームは区別されるというわけだ。（たとえば知的卓越性を競うために行うのか、儀式のために行うのかによってその意味が変わるように。）またもうひとつの有力な解釈として存在するのは「生活形式（Lebensform; forms of life）」に訴えるものである。同じルールの体系は、それが埋め込まれる先の生活形式の違いによって別のゲームになると、この解釈は主張する。本章ではこうした通俗的な目的解釈や生活形式というマジックワードに訴える解釈を批判する。そのうえで、ウィトゲンシュタインの言う言語ゲームのポイントが「ルールの序列化の仕方」として解釈できることを示す。ここでは、アスペクト概念とポイント概念の類比性が鍵となる。同じ線描が異なるアスペクトの下で捉えられることでその意味を変えるように、言語ゲームもまた同じルールの体系であっても異なるポイントを持った異なるゲームとなりうる。言語ゲームに対する見方こそが言語ゲームのポイントなのである。

第2章「意味とはことばのポイントのことである」では今度は、ことばのポイントに焦点を合わせる。同じルールの体系が、別様の序列化を被ることで別のポイントをもった別のゲームになるのと同様に、ことばもまた、それを構成するさまざまな使用がどのような序列化を被るか、あるいはどのような分類を受けるかによって、別のポイントをもつ別のことばになる。本章では、ことばがもつ複数の使用の全体を捉える見方としてことばのポイントを解釈する。

章タイトルにもあるようにウィトゲンシュタインは、このことばのポイントが「意味」だという。しかしそれはなぜなのか。この問いに応答するうえで本書では「意味の説明によって与えられるものが意味である」という彼の基本スタンスに着目する。かれによれば、意味という概念はことばの使用に関する誤解を取り除く「意味の説明のゲーム」の差し手である。のちにみるように、このゲームプレイにおいてプレイヤーは、ことばの使用に関する誤解を取り除くべく、ことばの使用を別様の使用から区別する視点を提供することが要求されている。その限りで「意味」概念は、ことばの使用の単位として機能しているとウィトゲンシュタインは信じている。しかし、ことばの使用を区別するやり方はひとつではない。多くの場合、ことばは使用のルールに訴えることで区別される。しかしルールの次元ではうまく区別できないようなことば同士の対立――われわれと生活形式を異にするような彼らのことばの使用との比較――においてはポイントに訴えることで区別がなされる。ことばは別の使用ルールをもつことでも、別のポイントをもつことでも別の意味になりうる。その限りで、ルールとポイントのいずれもがことばの「意味」なのである。

第3章「哲学の問題とはポイントの問題である」では、言語ゲームのポイントでもなければ、ことばのポイントでもない「ポイント」一般についての特徴づけを与える。一言で言えば、「ポイント」とは、何かを何かから区別するために、そしてそれだけのために使用される概念である。そして、あることばをべつのことばから区別するものはすべて、ことばのポイント＝意味になりうる。この点を押さえることによって、ウィトゲンシュタインの意味に関する議論を統一的に解釈することが可能となる。周知のとおりウィトゲンシュタインは『哲学探究』の43節において、ことばには使い方以外にも意味があることを示唆していた。そしてこの使い方とは別の意味としてウィトゲンシュタイン解釈者たちは、しばしば「心理学の哲学」で論じられたことばの「表情」に着目をしている。しかしながら、表情がことばの意味になるのは、ゲシュタルト崩壊や突如として意味が閃くといった場面のように、通時的にことばを比較したうえで、それらを区別しようとする文脈に限定される。さらに言えば、われわれの生活においては、使い方や表情だけでなく、音や表記によってことば同士を区別すべき文脈もある。つまり、その音や表記もまたことばの意味となりうるのである。このように、ことばをべつのことばから区別する仕方に応じて、ことばは様々な意味をもつ。

しかしそれと同時に、そうした区別の仕方のどれもがことばの意味そのものではない。「ことばの意味とは何か」という問いに一言で答えようとするならば、それは差異を確保することをその本質的な機能とする「ポイント」ということになる。以上の考察を踏まえ、筆者は最終的に、ウィトゲンシュタインを差異の哲学者として描き出すことになるだろう。

第Ⅱ部「心とアスペクト」では、ウィトゲンシュタインの心の哲学を扱う。まず第4章「ふりとは生活という織物のなかのパターンである」では、かれがどのような意味で行動主義者でなかったのかについて論じる。行動主義とは、ひとの心の状態や意識を、外面的に観察可能な行動によってのみ理解、説明しようとする、心の哲学のひとつのアプローチ方法である。行動主義は、心的概念を何らかの行動パターンに関する概念と同一視することによって、じっさいに特定の心的状態にあることとそのようなふりをすることの区別、ならびに、物的／心的という区別を潰してしまう。それに対しウィトゲンシュタインは、これらの区別がわれわれの生活にとって本質的なものだという認識のもと、内界としての心という描像に訴えることなく、「ふりをする」、および「心」という概念にしっかりと場所を確保しようとしている。その確保にあたってのキーになるのが、晩年のウィトゲンシュタインが用いる（行動パターンではなく）「生活パターン（Lebensmuster）」という概念である。この概念をかれは機械や単純な動物の生には見られない、われわれ人間の生の複雑性、不規則性に焦点を合わせるために用いている。この生活の複雑性や不規則性こそが、何かによって物理的に遮蔽されたり、隠されていたりするわけでもないにも関わらず、なお見てとれない「心」なるものを生み出しているとウィトゲンシュタインは睨んでいる。そしてふりをすることと実際にそのような心的状態にあることとの違いも、他人にアクセスできない私秘的な意図の有無ではなく、生活パターンの複雑さの程度の問題として捉え返されることになる。

第5章「ことばの使用には不確実性が存在するのでなければならない」では、物的概念と心的概念の違いを、それらを使用してなされる判断の言語ゲームのルールデザインに即して詳しくみることにする。ものに関する判断と心に関する判断のゲームを比較したとき、不一致が生じたときのわれわれの反応の仕方が異なるということに気がつく。多数の人が喜んでいると判断するところでそのように判断しない者への反応と、赤を赤でないと言う人に対する反応は同じではない。このルールデザインの違いは、何に由来し、また何を意味するのか。ここでも重要となるのが、われわれの生活パターンの複雑さである。この生の複雑さが、現に観察される他者のふるまいが、様々な生活パターンの一部になること、つまりはアスペクトをもつことを可能にしている。生活の不規則性とそれに由来する予測不可能性が、人間のふるまいを、規則的なパターンを刻む機械や単純な生を送る生き物にはない、様々なアスペクトをもつものにしているのである。そしてこのことが、判断の発散を許すものとして心的状態の判断の言語ゲームのルールがデザインされていることの真相である。

第Ⅰ部　意味とポイント

第1章　言語ゲームにはルールのほかにポイントがある

第Ⅰ部「意味とポイント」では、ウィトゲンシュタインの言語哲学（ことばの意味とは何か）、およびメタ哲学（哲学とはどのような営みであるか）におけるポイント概念の意義について考える。まず1章では、言語ゲームのポイントに焦点を合わせる。

本章の流れは以下の通りである。まず1節ではフットボールを例にとり、ゲームのポイントなるものについて考えるモチベーションを共有することにしよう。つづいて2節では、言語ゲームのポイントなるものがこれまでどのように理解されてきたかを概観する。3節では、言語ゲームのポイントを目的とみなす解釈としてエルツの『ルールとポイント』（2008）を検討し、その議論がウィトゲンシュタイン解釈として抱えるふたつの問題点を指摘する。第一に、エルツは「ゲームにはルールのほかにポイントも存在する」と主張を一般化することで、いかなる文脈においてポイント概念が要請されることになるのかに注意を払うことができていない。第二に、ウィトゲンシュタインはポイントをアスペクト概念と比較して論じているが、エルツの目的解釈はこの点について整合的な理解を与えることができていない。以上を受け4節では、エルツの難点を回避した新たなポイント解釈を提示する。言語ゲームのポイント概念は、実質的に対立するゲーム同士の比較という文脈で要請される。この文脈に着目することでアスペクト概念とポイント概念がどのような意味で類比的であるのかが明らかとなる。そしてエルツの解釈が誤っている理由を説明しながら、言語ゲームのポイントを「ルールの序列化の仕方」として新たに解釈することにしたい。

1　ふたつのフットボール

社会人類学者のクロード・レヴィ＝ストロース（1908-2009）は、『野生の思考（*La Pensée Sauvage*）』（1962）の冒頭で、パプアニューギニアに住むガフク・ガマ族について次のような話を紹介している。(1)レヴィ＝ストロースによれば、彼らはフットボールのやり方をある意味ではよく知っている。しかしそのプレイの仕方は、われわれの目から見ると非常に変わっている。どのように変わっているかというと、彼らは両チームの勝ち負けが正確に等しくなるまで、何日でも続けて試合をやるというのである。どのチームも勝ってはならず、明白な優位性を他のチームに対して確立してはならないというのがガフク・ガマ族のフットボールのプレイの仕方なのだ。

この話をうけてレヴィ＝ストロースは次のように述べている。

> ゲームはすべて規則の集合で規定され、それらの規則は事実上無限な数の勝負を可能にする。ところが儀礼は、同じようにプレイされるものではあるが、それは特別の試合で、勝負結果が両軍のあいだにある種の均衡をもたらす唯一の形であるがゆえに、あらゆる勝負の可能性の中からとくに選び出されたものである。〔…〕これはゲームを儀礼として扱っているのである。
> （Lévi-Strauss 1962, p. 44／邦訳 38 頁、強調筆者）。

儀礼として扱われるフットボールと、われわれがプレイしているフットボール。本章の主題は、このふたつのフットボールの違いに関係している。われわれと彼らのフットボールは何が違うのだろうか。それとも同じなのだろうか。もしゲームがルールの集合体なのだとしたら、両者に違いはないということになるだろう。その可能性をはなから捨て去ることはできない。しかし彼らのフットボールが、われわれの常識からするとどこか「的外れ」な様相を帯びていることも事実だ。もしここに何かしらの差異が存在することを受け入れ、その差異がどこにあるのかを探究しようとするならば、ルールとは別の次元に目を向けなければならない(2)。

（1）正確には、レヴィ＝ストロースは Read（1959）の研究を参照しつつこの話に言及している。

はじめにでも述べたとおり、後期のウィトゲンシュタインはわれわれの日常的な実践すべてを「言語ゲーム」として捉えている。「ゲーム」である以上、言語ゲームにはとうぜんルールが存在する。しかしルールがあればなんでも言語ゲームとして成立するわけではない。このことを理解するためには、「クソゲー（crappy game）」と呼ばれるタイプのゲームを考えてみればよい。クソゲーもそれがゲームである以上確かにルールがある。しかしそれは面白くなかったり、うまくデザインされていなかったり、バグがあったりという理由からゲームとして破綻しているとみなされる。そして特殊な関心を持っている場合を除いて、それはプレイするに値しないとふつうみなされる。

同じように、われわれがプレイしているのが「クソ言語ゲー（crappy language-game）」ではなくまさに言語ゲームであるからには、そこには「クソ言語ゲー」にはないはずの、ルール以外の要素があるはずである。単なるルールの集合体としてではなく、われわれにそれをプレイするに値、、、するとみなさせているもの、それが言語ゲームの「ポイント」である。[3] われわれがプレイしているフットボールにはそれ固有のポイントがあり、ガフク・ガマ族のフットボールにはそれがない。そして彼らのフットボールにはそれ固有のポイントがある。このポイントの次元を捉えることが、われわれがプレイしている言語ゲームの意味をよく理解することにつながるだろう。そしてその作業は、やや大袈裟にいえば、われわれの生の意味を理解することにもつながってくるはずである。

2　目的と生活形式――言語ゲームのポイントはどのように理解されてきたか

もう一度、フットボールの例に戻ってみよう。競技としてのフットボールと儀式としてのフットボール。この違いについて考えるとき、次のような回答がすぐさま予想される。すなわち、その違

（2）似たような例として、囲碁や雙六のさまざまなプレイの仕方をあげることができる。囲碁や雙六はもともと占いに端を発しているが、現在では知的卓越性を競うスポーツとしてプレイされることが多い。また平安期には、モノノケを憑依させたり、調伏（験者がモノノケを呪縛して病人もしくは女房や巫女などに憑依させ、彼らの口を通して様々に語らせること）させたりするために行われていた。小山は次のように述べている。「巫女は、多くの場合、鼓や琴などを手にして託宣をしていた。音を出すことにより神や霊を自身に憑依させ、その言葉を語っていたのである。[…] 囲碁や双六は、占いやモノノケの調伏のために行われていた。これらの盤の上に「打物」を置くとする『禁秘抄』の記述からも、打つこと、つまり音を立てることに意味があったと言えよう。「打物」がどのようなものだったかは不明だが、碁石もしくは賽子だったのではないだろうか。巫女が囲碁盤や雙六盤を打ったのは、病気治療や出産の時のみである。貴族や僧侶がモノノケの調伏のために囲碁や双六をやった事例があるので、巫女が憑祈祷でこれらを用いた理由も占いのためではない。前に指摘したように、囲碁や雙六には、モノノケを憑依させるだけではなく調伏する効果もあった。要するに巫女は、音を立てながらゲームをすることにより、モノノケを呪縛して自身に憑依させ調伏したのである。」
（小山 2016 71頁）

（3）ウィトゲンシュタインは次のように述べている。「明らかに、規則のある集合と禁止は、規則のある他の集合と禁止に境を接している。しかし、ゲームは非ゲームに境を接しているのではない（*a game does not border on a non-game*）」（WVC 132／邦訳 189頁）ルールがあるゲームを別のゲームから区別するものだとしたら、ポイントとは、「ゲーム」と「非ゲーム」とを区別する概念だと言える。

いはプレイの「目的」にある、と。われわれは多くの場合、身体の卓越性を競ってあるいは単純に娯楽を求めてフットボールをプレイする。しかしガフク・ガマ族は、ある種の社会秩序を維持するためにフットボールをプレイする（cf. Read 1959, p. 429）。ルールとしては同じゲームが違う目的でプレイされることで、ふたつは違うゲームになっているだけではないか。

あるいは「文脈（context）」の違いに着目するアプローチも可能だろう。ここで文脈とはたとえば、文化や社会、あるいは生活形式のようなものを想定すればよい。同じルールの体系が、われわれとガフク・ガマ族というふたつの異なる文化や生活のなかに埋め込まれることによって、異なる意味を帯びることになるのではないか。

実は言語ゲームのポイントについても、これを「目的」とみなしたり「生活形式」に訴えたりする解釈が標準的な解釈となっている（以下ではそれぞれを「目的解釈」、「生活形式解釈」と呼ぼう）。まず目的解釈について見ておこう。はじめにでも述べたとおり、言語ゲームのポイントについて主題的に論じた研究は、ほぼ存在しない。しかしこれが目的であるという、漠然とした共通了解は存在している。これには、ウィトゲンシュタイン哲学に大きな影響を受けたマイケル・ダメット（1925-2011）が、ポイント概念を明確に目的の意味で用いたことの影響が多少なりともあるだろう。ダメットはその「真理（Truth）」論文において、概念の意味は、それを使用する状況と使用しない状況（「語の用法（*usage*）」）を記述することによってではなく、その語の「ポイント（*point*）」、すなわち「何のためにその語を使うのか（what we use the word *for*）」という語の使用の目的に着目することではじめて明らかになると主張している（Dummett 1978, p. 3／邦訳4頁；cf. Dummett 1973, Chap. 10）[4]。

同様にウィトゲンシュタインのポイント概念——本書では、言語ゲームのポイント、ことばのポイント、そしてポイント一般を区別して論じる——についても、目的に寄せて理解がなされることが多い[5]。たとえば大谷弘は『ウィトゲンシュタイン　明確化の哲学』において、目的のほかに「勘どころ」という表現を用いて、ポイントを目的と同一視することに対しては慎重な姿勢を示してはいるものの、ポイントがなぜ目的と完全には同一視できないのかについて踏み込んだ説明は行っていない（大谷 2020 208頁）。対照的に、ポイントが目的であるという路線を積極的に押し出した解釈を提示しているのがのちに検討するエルツである。

もうひとつの定番の解釈は「生活形式」（cf. PI §23）という後期ウィトゲンシュタインのキー概念に訴えるというものである[6]。われわれの言語ゲームは、それがどのような生活形式のなかに埋め込

（4）ダメットは、このポイント概念に訴えることで「真偽」を文の指示の名前として説明するフレーゲや、文の意味を「真理条件」に訴えて説明する真理条件説が、「真理」概念を捉えきれていないという批判を差し向けている。ダメット哲学におけるポイント概念の重要性については、金子（2006）71頁、注26など。
（5）ポイント概念の重要性に注意を払った貴重な研究として、以下に言及するもののほかに大谷（2015）、Verschuren（2017）がある。
（6）「生活形式」概念については、それが「生物学的なものか vs. 社会・文化的なものか」、「単一なのか（Lebensform）vs. 複数存在するのか（Lebensformen）」、「経験的なものか vs. 超越論的なものか」という三つの軸に沿って議論がなされてきた。このあたりの事情については、Boncompagni（2022）を参照。

まれるかによって意味を変える。平たくいえば言語ゲームの意味は、それが埋め込まれる生活形式に相対的であるという解釈である。このときポイントは、言語ゲームと生活形式とのあいだにある何らかの関係性——両者の噛み合い方や調和の仕方——として理解されることになる。

以降の議論ではこのふたつの解釈を批判したうえで、新たなポイント解釈を提示する。ただし両解釈に対する批判のトーンは微妙に異なる。目的解釈には——少なくともウィトゲンシュタイン解釈としてみた場合には——大いなる錯誤が含まれていると筆者は考えている。他方で、生活形式解釈——ポイントとは言語ゲームと生活との噛み合い方である——という解釈は、ある意味では正しいと筆者は考える。しかし「生活との噛み合い方」ということで何が念頭に置かれているのかは非常に曖昧である。ウィトゲンシュタイン哲学を論じる際にはしばしば「生活」や「生活形式」なるタームが、いわゆるマジックワードとして乱用される傾向にあるが、本書ではそのような「ごまかし」を排し、言語ゲームと生活との噛み合い方の違いが実質的にはどのような違いとして現れてくるのかを明らかにするつもりである（生活形式解釈に対する本書のスタンスは、2章の4・3で最終的に示される）。

3　エルツの目的解釈

「言語ゲームのポイントは目的のことを指す」という素朴な共通了解の内容を把握するうえで、第一に参照されるべきはエルツの『ルールとポイント――数学・言語・道徳についてのウィトゲンシュタインの視点』（2008）である。エルツは、後期ウィトゲンシュタイン哲学のほか、徳倫理学などを専門とするユストゥス・リービッヒ大学ギーセンの研究者である。ほぼ唯一のポイント概念研究とも言える同書でエルツは、体系的な目的解釈を提示している。そこで以下ではエルツの解釈を詳しく追いかけることにしたい（以下、Ertz 2008 への参照指示はページ数のみを記すことにする）。はじめに、ポイント概念が要請される（とエルツが信じる）理由を確認したのち（3・1、3・2）、エルツの目的解釈を概観する（3・3）。そのうえでエルツの議論がウィトゲンシュタイン解釈として抱える難点をふたつ指摘することにしたい（3・4）。

　エルツが出発点に据えるのは「ゲームにはルールだけではなく、ポイント（*Witz*）もあるのだ」（PI §564）という『探究』の一節である（p. 50）（じつは、エルツと筆者のポイント解釈の違いは、この一節をめぐって先鋭化することになるのだが、その点については3・4で改めて触れることにしよう）。エルツはこの一節でポイントがルールと対比されていることに着目し、ウィトゲンシュタインが言語ゲームにルール以外の要素を導入することになったモチベーションについて考察を進める。その際、いきなり言語ゲームに焦点を合わせるのではなく、より狭義のゲーム（競技型ゲーム）を例にとり、そこで得られたルールの限界に関する教訓を、言語ゲーム全般に敷衍していくという手順を踏む。そしてエルツは、ウィトゲンシュタインがポイント概念に求めていた要請を満たすものが目的であると見当をつけ、ポイントに言及された箇所が目的としてどのように読めるのかを提示していくことになる。エルツによれば、ルールが言語ゲームの重要な構成要素であることに疑いの余地はない。しかし、ルールだけでゲームの本質が十分に捉えられるわけではない（p. 10）。その根拠としてエルツは（1）ルール同士の序列の存在と（2）ルールによるゲームの構成の限界というふたつの論点を提示している。

3・1　ルールのほかにポイントが要請されるべき理由①——ルール同士の序列の存在

エルツが第一の根拠として提示するルール同士の序列は、ゲームのルールに手を加えようとするときにはじめて問題となる。ボクシングにおけるバッティングの禁止（打撃部位の限定）と、キックによる打撃（打撃方法の限定）の禁止を例に考えてみよう。[7] いまそれぞれのルールが解禁されるようなルール改正が行われたとしよう。このときバッティングが認められるようになったゲームは依然としてボクシングとしてのかたちを保つ。他方でキックによる打撃が認められるようになったゲームはもはやボクシングではなくなってしまうだろう。このように、そのルールの変更がゲーム全体の性格や同一性に対してどのような帰結をもたらすのかに着目するとき、そのゲームにとっての**本質的なルールと非本質的ルールという序列**が浮かび上がってくる。そのルールの変更がゲーム全体の性格を一変させてしまうとき、それは本質的ルールであり、そのルールの変更がゲーム全体の性格にとって大きな影響を与えないとき、それは非本質的ルールである。

こうした区別は、そのルールに違反したときの帰結に着目することによってても見出すことができる。バッティングという違反が罰則を覚悟で行われるようなひとつの戦略となりうるのに対し、相手を蹴り倒すという違反は、そもそもボクシングという競技そのものの成立を危うくするものである。つまり、それに違反することで、同じゲームを「まずいしかたで」（別のしかたで）プレイすることになる（rule-breaking）ものと、プレイそのものを「し損なわせる」もの（cheating）とが存在するのである（cf. 川谷 2005 3章）。それに違反することによって「まずいしかたで」プレイすることになるならば、それは非本質的ルールであり、それに違反することによってプレイ「し損なう」ことになるならば、それは本質的ルールである。

では、本質的なルールと非本質的なルールの区別はどのように与えられるのだろうか。ここで両者を区別するために、さらなるルールに訴えることは議論を先送りにするだけだろう。今度はそのルール自体が本質的なのか非本質的なのかという問題が再び生じてしまうからである（p. 53）。したがって、あくまでルールとは別の次元において「本質性の規準」（p. 53）を与えるような何かが必要となるとエルツは主張する。[8]

（7）エルツ自身は、サッカーのほか、チェスやチェッカーに即してこの種の議論を行っている。

3・2 ルールのほかにポイントが要請されるべき理由②――ルールによるゲームの構成の限界

ふたつ目の論点は、ルールを共有しているようにみえるにもかかわらず、同じゲームとは呼べないような事例と関係している。[9] このような事例としてエルツは、シュウィッツァーが考案した、チェスのルールを使った全く違った実践としての「儀式チェス」を引き合いに出す。シュウィッツァーが「儀式チェス」について与えている描写はおよそ以下の通りである（cf. Schwyzer 1969, pp. 456-7）。

ルリタニアという架空の国に遊びにやってきたあなたは、ホストに連れられてとある建物を訪れる。そこでは大勢の人々が円になって集まっており、声を潜めながら会場中央をじっと見つめている。中央には一組の椅子とテーブルが、テーブル上にはチェス盤らしきものが置かれている。まもなく、外套に身を包んだ二人が入場し、それぞれ反対側の席に着く。そして一手ずつ駒を動かし始める。だがしばらくするとあなたは異変に気づくことになる。先攻と後攻が一手ずつ動かしており、駒の動かし方にもおかしいところがないにもかかわらず、ふたりの指し筋には一向に戦略というものがみえないのである。そのままどんどんプレイは進行していき、数十手指し合ったところで白の勝利が決まる。すると、その様子を固唾を呑んで見守っていた観客たちは歓声をあげ、一斉に安堵の表情を浮かべる。この競技チェスに見えたゲームは、じつは、ルリタニアでは、神託を受けるために年に一度だけプレイされるような神事だったのだ。駒を動かしていた二人の人間は実は神官であり、白が勝つことはその年の共同体の繁栄を意味していたのである。

ここで一応の留保がつけられるとはいえ、われわれがプレイしているチェスと彼らがプレイしているチェスとが、違うものだと言う余地があるだろう[10]。しかし、ルールがゲームを構成する唯一の要素だとするならば、――「ルール」という概念に大きな負荷をかけるのでないかぎり――両ゲームを区別することはできない。エルツは、ルールが将棋やオセロから区別された意味での「チェスとしてのゲーム（*Spiel als Schach*）」を構成することができたとしても、儀式チェスから区別された意味での「遊びとしてのチェス（*Schach als Spiel*）」を構成することはできないと主張する[11]（p. 10）。

（8）ここでエルツは、ルールの背後に控える実在に訴えるという解決にも注意を払っている（p. 54; cf. PI §562）。例えば半熟卵の調理ルールにおいて、何が本質的で何が本質的でないかは、その調理ルールである「目的」、すなわち美味しい半熟卵を作ることに寄与するかどうかによって峻別することができる。つまり調理ルールにとって何が本質的であるかは、世界のありよう（卵の性質や気圧）に依存する。だが言語ゲームのルールは恣意的であることを踏まえると、「実践のルールは、少なくとも卵の調理ルールと同じ仕方では、その結果に縛られていない」（p 54）。

（9）ここでは、さきに検討したふたつのフットボールの例を思い起こしてもらってもよい。

（10）もちろんここで、ルールを共有しているのだから、両者は同一のゲームであり、それが異なる文脈で行われているに過ぎないと主張することもできるかもしれない。結局のところ、これらのゲームが同一か否かは、われわれの関心にある程度相対的であり、その関心を無視して、論じることには意味がない。つまり、「同じルールをもつゲーム同士を区別するためにポイントに訴える」より前に、それらのゲーム同士を区別するポイントが前提となる。このようにポイントが遡行的に要請されるという観点からもエルツの議論を批判することは可能であるか、本書ではこの論点には踏み込まない。

3・3　ポイントとは環境に埋め込まれることで果たすことになる目的である

以上のエルツの問題意識をまとめておこう。第一にゲームには、ルール以外にルールに序列（本質的か非本質的か）をもたらす次元が必要である（3・1）。しかもその次元は、競技的チェスと儀式チェスのように、同じルールに付加されることでゲームの性格を一変させるようなものでなければならない（3・2）。それでは、これらふたつの要件を満たすポイントとはいったい何なのだろうか。エルツによればそれは、環境に埋め込まれることによってゲームが果たすことになる目的である。

エルツは、ゲーム一般について成り立つ議論をそのまま言語ゲームの領域へと投射する。はじめに言語ゲームのルールを、半熟卵の調理ルールと比較して考えることをエルツは提案する。半熟卵の調理ルールの場合、何が本質的で何が本質的でないかは、美味しい半熟卵を作るという目的に寄与するかどうかによって峻別することができる（p. 53; cf. PG 184／邦訳258頁）。これに対し、言語ゲームのルールにおいては、半熟卵のようにルールの外部に、何が本質的で何が本質的でないかを区別する規準を求めることはできないと一般には考えられている。言語ゲームは、ゲームの外部にそのルールの根拠をもたないからこそ、言い換えれば、ルールが「恣意的（arbitrary）」（PG 184／邦訳258頁）だからこそ「ゲーム」なのである。

しかしこの一般的な理解に対し、エルツは「卵調理にとっての半熟卵に相当するものが〔…〕ゲームにとってのゲームのポイント」（p. 54）であると主張する。言語ゲームは、ルールという観点からみたときにはその外部に根拠をもたないという意味で自律的である。しかし言語ゲームは何らかの目的に従属しうるという意味で他律的であり、それに応じてゲームのルールもまた「相対化」(p. 54) されるとエルツは言う。ルールそれ自体は恣意的であるにもかかわらず、その恣意的なルールのありようを相対化し、なぜルールが現行のようなあり方でなければならないかを説明するものとして、ポイントは存在している。

では言語ゲームのルールはどのようにして相対化されるのだろうか。それは、われわれの言語ゲームのルールの体系が、われわれの生活へと「機能的に埋め込まれる「funktionale Einbettung」」ことによってである (p. 71)。例えば、計算の言語ゲームを習得する際、子どもはまず特定の仕方で四則演算をするように訓練される。だが、この訓練によって正しくルールに従えるようになったとしても、この時点ではまだ子どもは計算というゲームの意味を理解したことにはならない。なぜなら、この訓練は計算ではなく、何らかの儀式の準備にもなりうるからである[12] (p. 64)。つまり「特定のふるまい方がある文脈に埋め込まれることによって、ゲームの意味ははじめて規定される」(p. 64) のであり、子どももまたこのルールの体系がわれわれの生にどのような形で埋め込まれて

(11) これと同様の論点については以下を参照。「許可と禁止〔筆者注：ルールのこと〕によって私は、常にただあるひとつのゲーム (*a game*) を定めることができるのみであり、決してゲームというもの (*a game* as such) を定めることはできない。」(WVC 124／邦訳 177 頁)

(12) ウィトゲンシュタインは似た例として、計算を壁紙模様の生成のために学ぶような人々を挙げている (cf. LFM p. 36／邦訳 60-1 頁)。

いるのか（お釣りの計算や物理学への応用など）を理解することではじめて、計算というゲームの意味を正しく理解するのである[13]。

エルツの解釈は次のように要約される。ルールに着目したとき、言語ゲームにとってはそれが自律的であること、すなわちそのゲームを取り巻く環境から切り離せること（p. 71）が本質的である。しかしどんな言語ゲームも特定の環境や生活のなかでプレイされざるを得ない以上、そのゲームが何らかの環境に埋め込まれているあり方もまた、ゲームにとっては本質的である。エルツはこの言語ゲームの、特定の環境への機能的な埋め込みによって果たすことになる目的をゲームのポイントと解釈しているのである。

3・4　エルツの目的解釈は何が問題なのか

しかし以上のエルツの解釈は、そもそものポイント概念の導入の仕方においてウィトゲンシュタインの意図を裏切ってしまっているように思われる。3・1で見たところによれば、エルツは、ゲームを構成するルールとは別の要素としてポイント概念を導入していた。さらに「言語ゲームは、ルールだけでなくポイントによっても構成されている」[14]（p. 71）と結論づけるとき、エルツは、言語ゲーム全般に成り立つようなある種の普遍的な主張をウィトゲンシュタインに帰しているようにみえる。しかし、ウィトゲンシュタインが「言語ゲームにはルールのほかにポイントもある」という一般的な主張を積極的に引き受けているかどうかは疑わしい。

エルツが議論の出発点として設定した以下の一節を改めて見てみよう。

それゆえ、私はゲームにおいても本質的なルールと非本質的なルールを区別しておきたい。ゲームにはルールだけではなく、ポイント（*Witz*）もあるのだと、ひとは言いたくなる（möchte man sagen）。（PI §564; cf. RFM-I §23）

この節の前後でウィトゲンシュタインは、チェスやチェッカーにおける些末なルールを例に、ルールであれば、必ずゲームの本質にかかわるという主張を批判的に検討している（cf. PI §§562-3, 567）。確かにここでは、ルール同士の序列の存在と関連させて、ポイント概念が導入されているように見える。だが問題は、ここからルールとは別にポイントもあるという一般的な主張をウィトゲンシュ

（13）ウィトゲンシュタインはある箇所で「子どもは掛け算の意味を、掛け算するよりも前に学ぶのか、あるいは後に学ぶのか」（PG 108／邦訳 143 頁）と問うているが、これに対しエルツははっきりと「後」と答えている（p. 64）。つまり、エルツは、子どもが掛け算のルールだけをまず単独で学び、ついでそのルールのわれわれの生活への埋め込まれ方、つまり掛け算というゲームのポイントを学ぶことになると考えている。

（14）またこの問題設定の仕方によって、ポイント概念の身分や、ルールとポイントとのあいだに成り立つ関係性もおのずと与えられてしまっている。つまりエルツのなかでは、ポイントは、ルールのほかにそれらの序列を与えるような何かとして、そして、ルールの外からルールに序列を与えるという意味で、両者は（一方なしに他方を考えることができるような）外的関係に立っていることがはじめから想定されている。

タインが本当に引き出しているのかという点である。注目すべきは「と、ひとは言いたくなる」という表現だろう。[15] エルツが、ルールのほかにポイントなるものを積極的に認める方向で議論を進めているのとは対照的に、ここでむしろウィトゲンシュタインは、そうした一般化を慎重に避けているようにも思われる。少なくとも、ウィトゲンシュタインが、ポイント概念を導入する動機づけとして「ルールのほかにポイントも必要」と考えていたことの根拠をこの一節に求めることはできないだろう。

　よりいっそう問題となるのは、ルールとポイントの関係に対するエルツの捉え方である。3・2でみたところによれば、ポイントは同じルールに付け加えられることで、ゲームの性格を特徴づけるものとして導入されていた。このことは、エルツがルールと外的関係に立つものとしてポイントを導入していることを意味する。[16] それに対しウィトゲンシュタインはむしろポイントを、その存在がルールの存在に依存しているという意味で、ルールに対して内的関係[17]に立っているものと見なしているように思われる。それが分かるのは、先の引用に続く以下の一節である。

> 私がそのゲーム〔チェス〕の性格を正しく理解しているならば、そのルール〔チェスの対局前のくじにキングを使う〕は本質的に、ゲームの性格に含まれていない。（意味は、顔つき（Physiognomie））（PI §568）

それを「正しく理解している」ならば、ゲームにとっての本質的・非本質的ルールが分かるとされていることから、ここで言われるゲームの「性格」は、ポイントを指していると見なすのが妥当だ

（15）『探究』は「多声的文体（ポリフォニックスタイル）」（鬼界 2018 97-9頁）で書かれており、読解の際にはそれが著者自身の主張なのか、対話者のそれなのか、あるいはそのいずれでもないのかに注意を払う必要がある。

（16）念頭に置かれているのが儀式チェスやチェスにおける神託や勝利であることからも、エルツの言う目的は、環境に埋め込まれることで生じるもの（その存在が特定のルールの体系に依存するもの）ではなく、特定のゲームのルールの体系なしに存在できるものだと見なせる。また「ルールのほかにポイントもある」という一般的な主張を行った際にも、エルツはこのような前提を暗黙の裡に持ち込んでいる。

（17）ここで言うポイントとルールのあいだの内的関係を筆者は、アスペクトの線描に対する存在依存の関係を範例として考えている。アスペクトの線描に対する依存関係に関しては、たとえばウィトゲンシュタインの以下の引用を見てみよう。「[…] あたかも「この顔にはある特別な表情がある。つまり、これだ」と（何かを指しながら）言うことができるようなのだ。しかし、ここでわたしが何か指さねばならないとすれば、それは自分が見ているスケッチにならざるをえない。（いわば何らかの種類の反射によって、そこには一つのものしかないのに、二つのものを見ていると思い込まされる、ある光学的な錯覚のもとにわれわれはいるかのようなのだ。）」（BB 162／邦訳 259頁）これを受けて、菅崎（2016）は、「自分が見ているのはまさにほかならぬ「この」表情」なのだと言いたくなるとき、しかし当の表情だけをスケッチから切り離して「これだ」と取り出すことはできない。つまり、スケッチと顔の表情という二つのものを別々に提示したくとも、実際には、当のスケッチ一つを示すことしかできない」と述べている（106頁）。筆者がアスペクト（ポイント）と線描（ルール）とのあいだの「内的関係」として念頭に置いているのは、こうした依存関係である。（本書の議論の範囲ではさしあたり、アスペクトの線描に対する一方向の依存関係だけが言えればよい。）そしてウィトゲンシュタインは、ルールとは独立に「これだ」と取り出すことはできないものとしてポイントを考えているというのが、ここでの筆者の主張である。

ろう。そしてウィトゲンシュタインは、そうしたゲームの「性格」を「顔つき」と表現している。一般に顔つきやアスペクトとは[18]、個々の部分に意味を配分するような、全体の意味として理解される[19]。つまり、ある画像全体の意味＝アスペクトが見てとれることで、各部分の線描がもつ意味が分かるように、それが分かれば、そのルールがゲームにとってどういう意味をもつかがわかるようなゲーム全体の意味＝アスペクトの一例としてポイント概念は提示されているのである。ここでアスペクトと線描（ないしポイントとルール）が、「内的関係」として想定されていることは、ふたつの意味で重要である。

第一に、線描の存在から独立にアスペクトは存在しえないという意味で両者は内的である。第二に、線描の意味の理解から切り離して、アスペクトの理解は存在しないという意味でも両者は内的である。しかしエルツは、このリマークにおいてなぜポイントがアスペクト（の一種）とされているのかについて一切の説明を与えていない。そしてルールとポイントが内的関係にあるというウィトゲンシュタインの想定を無視したかたちで、議論を展開してしまっているのである。

4 言語ゲームのポイントとは何か

以上のエルツ解釈の問題点を検討することで、ポイント解釈を提示するうえでわれわれが満たさなければならない要件がふたつ浮上する。第一に、性急な一般化を避けるためにどのような文脈でゲームのルールとポイントとを分けて論じる必要に迫られるのかを明確にしなければならない。第二に、ポイントがなぜアスペクトであるのかを説明し、ルールとポイントがどういう意味で内的関係に立っているかを説明しなければならない。以下では、ゲームのなかにルールとポイントの次元が導入される文脈とそのメカニズムを解明しつつ（4・1、4・2）、なぜポイント概念がアスペクト概念と同列に論じられているのかを明らかにする（4・3）。そしてエルツの目的解釈が誤りである理由を説明し（4・4）、新たなポイント解釈を提示することにしたい（4・5）。

4・1　言語ゲームのポイントが要請される文脈を特定する——言語ゲーム同士の比較

一九三五—三六年に書かれた草稿のなかでウィトゲンシュタインは、「哲学の問題とはポイントの問題である」（MS 150 12）と述べている。実はこのポイント概念は、かれの哲学の方法と密接に

（18）ウィトゲンシュタインは「顔つき」概念の分析の延長線上で「アスペクト」に関する分析を含む「心理学の哲学」についての議論を行っている。菅崎（2016）を参照。また、ことばがその使用の寄せ集めでないということを問題にした文脈で、ウィトゲンシュタインは「技術はわれわれにとって顔つきをもっている」（MS 136 99a）とも記している。この点については、2章で改めて言及する。
（19）たとえば熊野（2005）40頁。また以降の議論では、顔つきとアスペクトを区別せず一貫してアスペクトというタームを採用することにする。

関係している。

周知のとおりウィトゲンシュタインの哲学の方法とは、主題となるゲームに対し別のゲームを「比較の対象」（PI §§130-1）として対置するというものであった。そして両者の「類似と相違を通じて」（PI §130）、主題となるゲームの「単純でありふれているがゆえに気づかない」「アスペクト」に光を投げかける（PI §129）ことが目指されていた。ウィトゲンシュタインにとっての哲学とはもっぱら、われわれのものの見方、とりわけわれわれがすでにプレイしている言語ゲームをどのように見るかという点にかかわるのである。

言語ゲームのポイントを問題にするときウィトゲンシュタインは、われわれには一見奇妙に映るような虚構の言語ゲームを登場させている。[20] その典型とも言えるのが『ウィトゲンシュタインの講義 数学の基礎篇 ケンブリッジ１９３９年』で言及される、底面積で薪の価格を定める人びとである。

> 次のようなケースを考えてみよう。人々が薪を1立方フィート当たりの値段で買うとする。彼らは薪の値段を計算する技術を学ぶことができる。彼らは薪を高さ1フィートの平行六面体の形に積み上げ、その平行六面体の縦と横の長さを測り、掛け算をして、1立方フィートあたり1シリングで売る。〔…〕しかし、必ずしも1フィートではない高さに薪を積み上げる人々をわれわれが発見したとしよう。彼らは縦と横の長さは測るけれども、高さは測らずに掛け算を

して「縦と横の積に基づいて支払う決まりだ」と言う。(LFM p. 202/邦訳 380 頁)

薪の体積(縦×横×高さ)が大きいほどたくさん燃やして暖をとることができるのだから、体積に応じて値段をつけるのがもっともらしいとわれわれは考える。しかし彼らは、底面積(縦×横)で価格を定める。だから例えば三シリングで値段をつけた薪の束を、高さが減り長さが増えるように積みかえると、彼らは値段を四シリングにつけかえたりするのである(cf. 大谷 2020 202-3 頁)。

かれらの計算ゲーム(底面積計算)は、われわれのプレイするノーマルな計算ゲーム(体積計算ゲーム)に光を投げかけるための「比較対象」として提示されている。ここで着目しなければならないのは、比較対象として提示されるゲームに求められる性質である。例えば、われわれの計算ゲームの性格を浮彫りにするために、チェスやボクシングといった、まるっきり異なる性格のゲームを対置することには意味がないだろう。また逆に、成果に応じて給料の額を定めるといったような近すぎるゲームも、比較対象としての意義を欠いている。表面積計算のゲームが比較対象として優秀であるのは「緊密なアナロジーが成立している」にもかかわらず、「自分たちのすることと、彼らのすることの間に完全な食い違い」(LFM p. 203/邦訳 382 頁)が見いだされるようなゲームだからであ

(20) 比較の対象となる言語ゲームは、必ずしも単純で原初的なものである必要はなくフィクションであっても構わない。この点については、古田(2016)148-9 頁を参照。

る。こうした実質的に対立する（つまり対立という点に中身がある）ゲーム同士の比較において、両ゲームの類似性と相違性が浮き彫りになる。こうしたゲーム同士の比較という手法において、はじめてゲームのポイントが問題とされる。つまり言語ゲームのポイントとは、一種の**方法論的な概念**なのである。

4・2　ゲームのなかでルールとポイントはどのように分化するのか

ではこうしたゲーム同士の比較において、ポイント概念はどのように要請されるのだろうか。この点を見てとるために、次のような思考実験を行ってみよう。いまわれわれの住むこの現実世界（@）と比較するため、ひとつの可能世界（W_1）を導入することにする。現実世界と同様、このW_1においても競技としてのチェス、つまり各プレイヤーがチェックメイトを目指すチェスがプレイされている。ただし@とW_1には唯一違っているところがある。それは「チェックメイトを目指すのとは別の仕方でチェスをプレイする可能性に人びとが気づいているか否か」である。たとえば、現実世界@には、チェックメイトを目指すのとは別の仕方でチェスをプレイするような、さまざまなプレイヤーが存在する。典型的なのはふざけ屋（trifler）だろう。ふざけ屋とは、ゲームのルールに従いながらそれを別の仕方でプレイする存在である。例えば、相手よりも先に自陣の駒を六つ相手陣地に移すことを目指したり、自滅することを目指したりするプレイヤーはふざけ屋である（cf. Suits 1978, Chap. 4）。それに対し、可能世界W_1には、こうした類のプレイヤーは一切存在しない。W_1の住人は、誰ひとりとして、チェックメイトを目指す以外の仕方でチェスをプレイする可能性を思いついたことがなく、じっさい、チェックメイトを目指してしかチェスをプレイすることが（でき）ない。(21)

さて、このW_1の住人のひとりLが、ふざけ屋にあふれる現実世界@や、チェスがもっぱら儀式的・呪術的にプレイされるW_2にやってくる場面を考えてみよう。(22) ここで、ふざけ屋（@）や儀式的チェス（W_2）のプレイがLにどのように映るかが決定的に重要である。もし彼らのプレイが、じぶんのプレイするチェスと全く同じものとして、あるいは全く違ったものとして映るときには、ゲームのポイントは問題にならない。ポイントが問題となるのは、かれらのプレイが、W_1でじぶんがプレイしてきたチェスと、ある意味では同じだが、別の意味ではやはり違う何かとしてLに映ったときである。言い換えるならば、かれらのゲームプレイを「「チェス」でふざけている」、あるいは「「チェス」を儀式的な仕方で使っている」という風に、あくまで「チェス」というタームを使って

(21) こうした状況を想像することはさほど難しくない。例えば、まだ内容がよく分かっていないゲーム（e.g., 麻雀）のルールを無理やり覚えさせられ、人数合わせでいきなりプレイの場に出されるといったような状況がこれに近い。このとき、われわれは、別のプレイの仕方はおろか、各ルールがそれぞれどういう意味を持つかも分からずに、ただあがりを目指してプレイを続ける。こうした状況が慢性的に続いているのがW_1である。またW_1に住む人びとと同様、われわれも大半の言語ゲームに関して、それをプレイする別の仕方の可能性に盲目的な状態でプレイを続けている。

(22) チェスが儀式的・呪術的にプレイされる様子としてここでは3・2でみたSchwyzer（1968）の例を念頭に置いている。

記述したくなるときである。このときLは、彼らのプレイとW_1で自分がプレイしているチェスとのあいだに類似性を見てとっている。しかしそれと同時に、手放しにそれを「チェス」と呼ぶことが憚られるような断絶も同時に見てとっている。

ルールとポイントという次元がゲームのなかに導入されるのは、こうしたゲーム同士の実質的な対立が生じたときである。このときLは、自分たちのチェスと彼らのチェスとの異同を「ルールを共有しているが、ポイントは共有していない」という仕方で把握することを要求される。つまり、緊密なアナロジーが成立しているにも関わらず、断絶のあるゲーム同士を比較したとき、ルールが同一性（類似性）を確保するために働くとすれば、ポイントはそれらの相違性を確保するために要請されるのである。そしてLにとって自他のゲームは、同じルールを別の仕方でプレイする、別のポイントをもったゲームとして把握されることになるのだ。（前節で登場した表面積計算をする人びとわれわれの体積計算との違いもまた、ルールを共有しているが、ポイントを共有していないゲームとして理解される。ウィトゲンシュタインは、彼らのゲームを「ポイントがない（pointless）」と形容しているが、それはあくまでわれわれの体積計算における「ポイント」をこのゲームが持っていないということの表現であり、このゲームがポイントそのものをもたないゲームだと言っているのではないのである。[23]）

さてLが@やW_2への旅を終えてふたたびW_1に帰還するとしよう。このとき、LとW_1に留まり続けた者たちとの違い、つまり別の仕方でのゲームプレイの可能性に気づいている者とそうでない者との違いは、ゲームの意味に対する理解の仕方の違いとして現れてくる。それは具体的には、ゲームのルール同士の本質的／非本質的という序列化の仕方において顕在化する。たとえば、W_2の儀式チェスとの出会いを通じて、Lが自他のゲームの違いをゲームの目的の違いとして、つまり知力における卓越性に決着をつけるためにプレイするのか、占いのためにプレイするのかという観点から理解したとしよう。このことは、Lが自分のプレイするチェスのルールを、卓越性の決着という目的に照らして序列化するようになったということを意味する。こうした序列化にしたがうと、例えば、先攻後攻の決め方は卓越性の決着にはかかわらない些末なルールとなるが、プレイヤーの知力以外の要素が勝敗に左右する可能性を制御するルールは、本質的なルールと見なされるだろう。だが、W_1に留まり続けた者は、ルールに従うという意味でチェスをプレイすることができたとしても、このような仕方でチェスの意味を理解することはできない。Lによるルール全体の理解が、卓越性の決着という目的に照らして、アクセントやメリハリの利いた「立体的な」ものとなっているのに

(23)「ポイントがない」という表現だけを見ると、ウィトゲンシュタインは、表面積計算を、ポイントそのものを持たないゲームであると主張しているように見えるが、かれは、そうしたゲームがポイントを持ちうること自体を否定しているわけではない。じっさいかれは、どのような状況を想定すれば、この表面積計算がわれわれの計算とは別のポイントをもつことになるのかを検討し、薪の売買によって生計を立てているわけではないから収入の多寡はさほど重要でないという可能性や、大昔の偉大な王が、底面積計算をするように命じ、人々はそれ以来そのようにしているという可能性を挙げている（LFM p. 204／邦訳 383 頁；cf. 大谷 2020 201-12 頁）。またやや文脈がずれるが、文のポイントを問題にした場面で、ポイントがないと言いたくなる文についてもウィトゲンシュタインは、それがわれわれとは「別のポイントを持ちえないということを言おうとしているのではない」（CPE §11）と述べている。

対し、W_1にいる者の理解は、全てのルールに均等に重みづけがなされた、「平面的な」ものにとどまるのである。

4・3　なぜウィトゲンシュタインはポイント概念をアスペクト概念と同列に論じるのか

ポイント概念が要請される文脈に着目することで、なぜウィトゲンシュタインがゲームのポイントをアスペクトの一種として扱っているかを理解することができる。まずジャストロー図形を例にとって、アスペクト概念が要請されるプロセスを確認しておこう。

(STEP 1) 別の見え方の可能性が示される。(アスペクト転換)
(STEP 2) 画像が、対象(線描)とアスペクトの次元に分割される。
(STEP 3) アスペクトに応じて、画像内で本質的な線描と非本質的な線描とが序列化される。

ウサギとしてしか見えていなかった画像が、アヒルとしての見えの可能性をもっていることに気づく(STEP 1)。この「**アスペクト転換** (Aspektwechsel; change of aspect)」(PPF §§129-30, 135, 166) を契機にわれわれは、この画像のなかに、対象とアスペクトというふたつの次元を導入するように迫られる(STEP 2)。つまりこのアスペクト転換は、「対象」としては「何も変わっていない」にもかかわらず、「アスペクト」においては「変化が生じた」事態として了解されるのである。このとき「対象」の次元は見ているものの同一性を確保するために働くのに対し、「アスペクト」は見ているものの転換以前と以後の相違性を確保するために働く。

さらに対象の次元から分化したアスペクトは、今度は各部分の線描同士に序列を与えるような視点として機能する（STEP 3）。とうぜん、異なるアスペクトを見てとっている者同士では、各線描部分の序列化の仕方も異なってくるだろう。この序列化の仕方の違いは、じっさいに画像に手を入れたときのリアクションにおいて顕在化する。例えば、目に相当する黒丸の位置を下に動かしたり、あるいは、嘴や耳に相当するふたつのでっぱりの位置を離してみたりするとしよう。このとき、ウサギとアヒルという異なるアスペクトを見てとっている二人は、それぞれの変更に対して異なった印象を受けとるはずである。つまりウサギとして見てとっている人にとっては些末な変更や修正が、アヒルとして見ている人にとっては、それをアヒルとして見続けることを困難にするような本質的な変更となりうる。逆に、アヒルとして見ている人にとっては些末な変更が、ウサギとして見ている人にとっては、それをウサギとして見続けることを困難にするような本質的な変更となりうる。

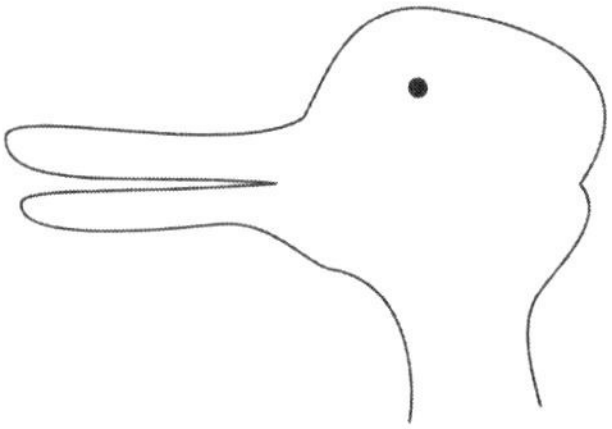

ジャストロー図形（cf. PPF §118）

さて、前節でLが辿ったプロセスを、以上のアスペクト転換のプロセスに即して述べなおせば、次のようになるだろう。

（STEP 1）別のプレイの仕方の可能性が示される。（ポイント転換）

（STEP 2）ゲームがルールとポイントの次元に分割される。

（STEP 3）ポイントに応じて、ゲーム内で本質的なルールと非本質的なルールとが序列化される。

Lは@やW_2におけるチェスプレイを見ることによって、チェックメイトを目指すのとは別の仕方でチェスをプレイできる可能性に気づかされる（STEP 1）。この事態をアスペクト転換にならって「**ポイント転換**（Witzwechsel; change of point）」と呼ぼう。このポイント転換を契機に、チェスゲームにルールとポイントというふたつの次元が導入されることになる（STEP 2）。エルツが、はじめからポイントとルールを区別して議論できると想定していたのとは裏腹に、両者はじっさいには未分化の状態がデフォルトである。しかし別の仕方でのプレイの可能性との比較において、ポイント概念とルール概念ははじめて、個別に論じることが可能になるのである[24]。そしてこの分化を経て取り出されるゲームのポイントが、各々のルールに意味を配分するようなゲームの統一的視座となるのである（STEP 3）。

3・4でわれわれは、エルツがルールとポイントの関係を外的に捉えて議論を進めていた点を確認した。その結果エルツは、競技チェスと儀式チェスとの差異を、ルール外の要素に求めることになった。しかしポイントがアスペクトの一種であることがひとたび了解されるならば、そして線描から離れてアスペクトというものが成立しないことを踏まえれば、こうした解釈は修正されなければならないだろう。ジャストロー図形におけるウサギやアヒルのアスペクトが、線描の外にある何かではなく、線描の序列化の仕方それ自体において表現されるのと同様に、ゲームのポイントもルールの外にある何かではなく、**ルールの序列化それ自体において表現される**。したがって、競技的チェスと儀式チェスのようなルールを共有したゲーム同士は、ルールの外にある何かではなく、ルールの序列化それ自体によって区別されるということになる。そしてこのルールの序列化の仕方こそが、ゲームのポイントが実質的に指しているものなのである。(25)

(24) ここで、切り離して論じることが可能になったということは、線描とアスペクトが外的関係に立つようになったということを意味しない。注17で述べたように、他方なしに「これだ」と独立して取り出せないしきに成立している依存関係のことを、本書では内的関係と呼んでいた。アスペクト転換によって、あらたにアヒルのアスペクトの可能性が示されたからといっても、それによってウサギやアヒルのアスペクトが線描と独立に取り出せるようになるわけではない。

(25) ウィトゲンシュタインがアスペクトとポイントを類比的に捉えているとき、ゲームのじっさいのありようと、その認識の可能性という、存在論/認識論の区別は失効することになる。ウィトゲンシュタインにとっては、言語ゲームがそのプレイヤーにとってどのように映っているかが、そのゲームが何であるかにとって本質的なのである。したがって、「(われわれの認識とは別に)じっさいのゲームのポイントはどのようになっているのか」という存在論的問いや「ゲームのポイントをわれわれはどのように認識することが可能か」という認識論的な問いは、ウィトゲンシュタインの枠組みの中では居場所をもたない。

4・4　ポイントを目的と解釈するのはなぜ誤りなのか

２で見たとおり、多くの論者がウィトゲンシュタインのポイント概念を目的に近いものと見なしてきた。だが、ポイントがアスペクトであること、そしてポイントはルールの序列化それ自体であるという前節の議論を踏まえると、ポイントがなぜ目的でないのかを説明することが可能となる。

ここでもアスペクトに即した説明が有効である。アスペクトは「同じであるにも関わらず、何かが変わってしまった」という体験における「変わってしまった何か」を収容するために要請される次元であった。ここでアスペクトの違いは、場合によってはさらに、所有している知識や、その画像が置かれた環境、あるいは見る人の関心の違いによって説明されるかもしれない。お宝鑑定における査定前と後のように何らかの知識を得ることで、同じモノが以前と全く別様に見えるという事態は容易に想像できるだろう。このケースにおいて、たしかに査定前と後のあなたとではもっている知識において明確な違いがある。そして、査定前と後のあなたとでは、たしかに違う見えが生じている。しかしだからと言って、アスペクトが知識そのものだということにはならないだろう。つまりこのケースにおいて、所有している知識（の有無）はあくまで、むかしといまのあなたのアスペクトの違いを説明するものであり、知識自体がアスペクトになるわけではない。

ポイントについても同じことが言える。ふたたび、競技チェスと儀式チェスの例を引き合いにだそう。これらのゲームの違いをエルツは、卓越性の決着と占いというゲームの目的の違いとして処理していた。確かにこれらのゲームは、ゲームの目的において違いがあるかもしれない。しかし目的は、ポイント＝ルールの序列化の仕方の違いを説明するのであり、目的自体がポイントであるわけではない。**目的は特定のルールがそのゲームにおいてなぜ本質的（非本質的）なのかを説明するに過ぎない。**両ゲームの差異の実態はあくまで、ルールの序列化の仕方の違いなのである。

さらに言えば、目的はルールの序列化の仕方を説明するたかだかひとつの要素に過ぎない。そして目的以外にもゲーム同士のポイントの違いを説明するものは存在する。ウィトゲンシュタインが挙げている例を見てみよう。

> （子どもたちが電車ごっこをしているとき、彼らの遊びは電車についての知識と結びついている。しかし電車を知らない民族の子どもたちが、このゲームを他の人たちから引き継ぎ、それが何かを模倣していることなど知らずに遊んでいることもありえよう。このゲームはかれらにとっては、われわれにとってと同じ意味をもってはいないと言うことができよう）（PI §282）

ここで（A）電車を知っている者の電車ごっこと（B）電車を知らない者の電車ごっこは、「ルールを共有しているが、ポイントが共有されていない」ケースの一例として見なすことができる。[26] そして両者のポイントの違いが、実際の電車についての知識の有無によって説明されている。では電車の知識の有無に訴えることで、ふたつのゲームのポイントを区別するとはどういうことだろうか。（A）をプレイするわれわれの側に立って記述するならば、それは、（A）のルールを電車の知識という観点から序列化することに他ならない。それはつまり、電車の知識がなければその意義が分からなくなるようなルール（例えば、後ろの人は先頭の人を追い抜いてはいけない、先頭の人の進行方向に従わなければならない等々）を本質的なものとして数え入れ、逆に電車についての知識がなくても影響のないルール（例えば、プレイヤーの人数、紐の有無や種類など）を周縁化するような仕方で、ゲーム全体の意味を把握するということである。

またプレイヤーが置かれている自然的・歴史的・文化的な「環境（Umgebung）」に訴えることによって、ポイントの相違が説明されることもあるだろう。ウィトゲンシュタインはしばしば、われわれが行っている実践をそっくりそのまま、別の環境に置き入れるという思考実験を行っている。この思考実験の意図は、従っているルールが同じであるにもかかわらず、全く別のゲームとなってしまうような状況を作り出すことにある。一例を挙げよう。

もし物事が、現行と全く異なったふるまい方をしているのであれば〔…〕われわれの通常の言語ゲームはそれによってみずからのポイントを失ってしまう。――一塊のチーズを秤にのせ、秤の傾きに合わせて値段を決める手続きは、もしそのような塊がはっきりとした原因もなしに突然大きくなったり、小さくなったりするようなことがしばしば起これば、そのポイントを失ってしまう。（PI §142）

ここで「ポイントが失われる」とは、ふるまいの次元だけで見れば同じであるにもかかわらず、われわれのプレイしているゲームとのあいだに何らかの断絶が起きていることの表現である。[27] この思考実験を通じてウィトゲンシュタインは、われわれのゲームのルールが、環境のあり方によってどのように序列化されているかを明らかにしようとしている。そしてこれらのゲームを、そのゲームを取り巻く環境（ここでは、重さの安定性）に訴えることで区別するということは、結局のところ、われわれが行っている「重さの計測」というゲームのルールを、重さの恒常性という観点から序列化することに他ならない。しかしここでも重さの恒常性の成立／不成立は、ゲームのポイントの違いを説明しはするが、ゲームのポイントそのものにはならないのである。

繰り返し述べてきたように、ポイントは、実質的に対立するゲーム同士の相違性を確保するために要請される概念であった。これに対し、エルツがポイントそのものと見なした目的はむしろ、知

(26) この一節の前後では、用法の一次的用法／二次的用法が問題になっている。例えば、「痛がっている」という語を、人に対して適用するのが一次的用法だとすれば、人形に対して適用するのが二次的用法である。ここでウィトゲンシュタインは、同じタームを同じ対象（例えば人形）に適用するとしても、それを一次的用法／二次的用法として適用するかに応じて、その意味が異なりうることを問題にしている。そしてゲームにおいても、われわれのように電車ごっこを二次的なゲーム（派生的なゲーム）としてプレイするか、一次的なゲーム（原初的なゲーム）としてプレイするのかに応じて意味が異なりうることが問題になりうる。関連する論点については、第2章で改めて言及する。

(27) これ以外にも例えば、場違いな戴冠式（PI §584）、あるいは神によってイングランドの一部がそっくり再現された二分間世界で行われる数学的実践（RFM-VI §34）などがある。

識や環境と並んで、ポイント＝ルールの序列化の仕方を説明するための概念である。ポイント＝ルールの序列化の仕方は、目的や知識、環境のいずれによっても説明されうると同時に、それらのどれもがポイントそのものではない。結局のところ、ポイントを目的と同一視する解釈は、説明されるもの（被説明変数）と説明するもの（説明変数）とを混同しているのである。

4・5　言語ゲームのポイントとはルールの序列化の仕方それ自体のことである

さいごに、筆者の提示したポイント解釈がエルツの解釈が抱えるふたつの問題にどのような解決を与えたかを眺めることで本章を終えることにしたい。エルツの解釈の第一の問題は、ゲームにルールとポイントという次元が導入される文脈を無視した点にあった。この文脈を無視して「ゲームにはルールとポイントがある」と一般化することは、ゲームのポイントをあくまで恒常的、静態的に捉えることを意味する。だが、本章での検討を通じて、ポイント（アスペクト）はあくまで、ウィトゲンシュタイン自身の哲学の方法であるゲーム同士の比較（アスペクト転換）という特殊な文脈を必要とする概念であることがわかった。[28]そして、ポイントは様々なゲームとの比較を続けていくことで、その都度獲得されなければならない**動態的な**ものである。[29]ひとが恋に落ちることはできても、恋に落ち続けることなどできないように（cf. Baz 2010, p. 209）、アスペクトの一種であるポイントもまた、ゲームがもつ恒常的な性質とはなりえない。[30]「恒常的なポイント」は、もはやポイントではないのである。

エルツの議論の第二の問題は、ルールとポイントとの関係を外的に捉えている点にあった。エルツは、ルール同士に本質的・非本質的という序列があることを前提に、この区別を与える別の審級として、ポイント概念が要請されると考えた。言い換えれば、ポイントを、それを把握しさえすれば、派生的に本質的／非本質的ルール同士の区別も可能になるようなものとして捉えていたのである(31)。だがポイントとは、ルール同士に本質的／非本質的という序列を「外から与える何か」ではなく、むしろそうした序列化そのものである。そしてゲームのルールの序列化の判断を適切に行える

(28) ポイントは相違性を出すために要請される概念である以上、「ルールは共有しているがポイントが異なる（あるいは、見ている対象は共有しているがアスペクトが異なる）」とは言えても、逆に、「ポイントは共有しているがルールは異なる」と言えるようなケースはないというのが筆者の考えである。

(29) このことは、ゲームのポイントが比較されるゲームに応じてさまざまなポイントを持ちうることを含意する。

(30) ポイントを静態的に捉えることは、ウサギとしてしか見えようがない画像について「これは、対象としての側面と、アスペクトとしての側面をもっている」と言うことと類比的な錯誤である。ウィトゲンシュタインは、イフストと切り離すことができないにもかかわらず、その表情や雰囲気を主題化したくなる誘惑についても言及している。この点については Mácha (2015) を参照。

(31) この意味でエルツの犯している錯誤は、ウィトゲンシュタインが規則の問題において格闘した、規則と規則の適用を外的な関係として捉える錯誤の変奏とも言える。脳の中の貯水路のように、それさえ掴めば、規則へ正しく従うふるまいが派生的に流出してくるイメージで規則を捉えるように、エルツもまた、ポイントさえ掴めば、本質的なルールが何であるのかが派生的に出てくるというイメージで、ルールとポイントの関係を外的なものとして捉えてしまっている。

こと以外に、ポイントの理解というものは存在しない。ゲームのルールに序列を見出した時、すでに自身がポイントの働きによってゲームを捉えていることにエルツは気づかなかったのである[32]。

本章では、言語ゲームのポイントとは何かについて考えてきた。ウィトゲンシュタインにおける言語ゲームのポイントとは、われわれの言語ゲームと関節が外れた彼らの言語ゲーム（クソ言語ゲーム）とを比較するという文脈で要請される、一種の方法論的な概念である。そこで言語ゲームのポイントは二重の機能を果たすことがわかった。ひとつは、こちら側にいるわれわれと向こう側にいる彼らの言語ゲームのあいだに線引きをするという機能である。こちら側の言語ゲームには「ポイントがある」。しかし、向こう側の言語ゲームには（あるいは言語ゲームのように見えているものには）「ポイントがない[33]」。このような仕方でポイントは線を引く。ふたつめの機能は、その線引きによって生じるふたつの項（われわれと彼ら）のうちの、こちら側のありようを指示するということである。本章が使った儀式チェスと競技チェスの例に即していえば、ふたつのゲームの違いは、「ルールの序列化の仕方」であった（かくかくのルールの序列化の仕方と、そうではないルールの序列化の仕方）。ポイントは、われわれと彼らの言語ゲームが違うということとそれ自体のマーカーでありかつ、それらの何が違うのかを指し示す。われわれと彼らのあいだに線引きをすることとそれ自体と、その線引きによって出現する一項としてのわれわれ（cf. 入不二 2009b）。ポイント概念はこのふたつの機能を兼ね備えているのである。

（32）以上のとおり、エルツの議論がウィトゲンシュタインの「ポイント」概念の解釈として妥当性をもたないことは明らかだが、ウィトゲンシュタイン解釈を離れたとすれば、「ポイント」を目的と見なすことや、ルールとポイントというふたつの要素によって、ゲームの本質を特徴づけようというエルツの議論は一定の価値をもちうるように思われる。たとえば「スポーツとは何か」をめぐる立場の違いは、ルールではカバーできない要素の補完を何に求めるのかという観点から（スポーツは明文化されたルールのみによって構成されているとする「形式主義」をどのように批判するのかという観点から）整理できるが（cf. 松宮 2012）、エルツの議論の筋道も、そうした議論と基本的には同じ方向性を示しているように思われる。こうした文脈に置かれたとき、エルツの議論が何らかの貢献をなしうることまでを筆者は否定するつもりはない。

（33）正確には、少なくともわれわれの言語ゲームが持っているところのポイントを持っていない。

第2章　意味とはことばのポイントのことである

本章では、ことばのポイントについて考えていく。ウィトゲンシュタインは、「意味とはすなわちことばのポイントである」と言う。ではことばのポイントとはいったい何なのか。そしてなぜそれがウィトゲンシュタインによって「意味」と呼ばれているのか。これらの問いに答えることがこの章の目標になる。

第1章で見たように言語ゲームのポイントは、われわれがプレイしている言語ゲームと関節が外れた言語ゲーム（クソ言語ゲーム）の間に線引きをするために要請される概念であった。その線引きを通じて、言語ゲームのポイントは言語ゲームの諸ルールに対する見方（ルールの序列化の仕方）として取り出されたのであった。同じように、ことばのポイントもまたわれわれのことばの使用と関節が外れた彼らのことばの使用とを区別するという特定の文脈のもとで要請される概念である。そしてことばのポイントは、ことばがもつ複数の使用の全体を捉える見方としてふたたび取り出されていくことになる。

議論の流れは以下の通りである。まず1節では、人間のことばの意味理解に失敗する異星人を例にとり、ポイントと意味の関係についてのおおまかなイメージを掴むことにしたい。続いて2節では「意味」概念が使用される典型的な場面として意味の説明のゲームに着目し、この概念の機能を明らかにする。ここでは「意味」という概念が、ことばの使用を区別するための視点、ことばの使用の単位として機能していることが示される。しかし、ことばの使用を区別するやり方はひととおりとは限らない。3節と4節ではことばの使用の区別の仕方として「ルール」に訴えるものと「ポイント」に訴えるものとがあることを示す。計測されるもののスケールに応じて様々な計測単位が用いられるように、ことばの使用にも「ルール」といういわばミクロな単位と、「ポイント」というマクロな単位が存在するのだ。表記上では同じことばが複数の使用をもつとき、その使用の違いは「ルール」の違い（使い方の違い）として理解される。他方で、表面的には使用のルールを共有しているようにみえても、異なる使用として区別しなければならない場合が存在する。このときわれわれはことばの個々の使用ではなく、そのことばがもつ複数の使用のあいだに成立している全体的な秩序の違いに訴えることになる。ことばの使用のポイントとは、ことばがもつ複数の使用をまとめ上げる見方のことを実質的には指している。以上を踏まえ、ことばの使用を区別する機能を果たすという理由から、「ルール」と「ポイント」のいずれもがことばの「意味」と呼ばれなければならないということを示すのが本章の目標になる。

1　Miss/Get the point

ことばのポイントの位置づけを明確にするために、まずは次のような場面を想像してもらいたい。いま異星人が地球に降り立ち、われわれの道具の使い方を観察している。彼らは、人間が家を建てるためにハンマーを使って釘を打つ場面に頻繁に出くわす。すると彼らは「ニンゲンハ、センタンニオモシガツイタボウデ、キンゾクヘンヲザイモクニウチツケル」のように記録する。しかしあるとき偶然、人がハンマーを使って誰かを殴り殺すという、なかなかお目にかからない場面に出くわしたとしよう。ここで彼らは次のように記録するかもしれない。「ナルホドニンゲンハ、コノドウグヲナカマヲウチコロスタメニモツカウラシイ」。人間世界でのフィールドワークを終えた彼らは母星に帰還し「シヨウレイイチ：キンゾクヘンノウチツケ、シヨウレイニ：（マレニ）ドウルイヲウチコロス」などと書かれた報告書とともにハンマーのサンプルを提出する。ここで彼らがもし人間に同化することを企てるならば、この報告をたよりにして、ハンマーで釘を打ったり、同類の異星人を殺したりすることに適応していくかもしれない。

さてこの異星人たちは、われわれのハンマーの使い方を十分に理解できたと言えるだろうか。ある意味ではイエスである。彼らはどのような状況で人間がハンマーを使うかを知っているし、それをじっさいに、われわれと同じように使うことができる。しかし、別の意味ではノーである。彼らのハンマーの使い方に関する理解は、われわれのハンマーの使い方の理解からは大きく逸脱している。われわれは、釘を打つことをハンマーの本来的な使い方として、人を打ち殺すことを非本来的な使い方として捉えている。いやむしろ、人を殺すための道具としての使い方など、そもそもハンマーの「使い方」とはみなされていないと言うほうが適切かもしれない。われわれは、ハンマーの意味に関わるような使用（釘を打ちつける）とそうでない使用（打ち殺す）とを暗黙のうちに――しかしごく当然のように――区別しているのだ。それに対し彼らは、ハンマーにはふたつの使用があると認識している。[1] 頻度こそ違えども、ふたつの使用が同じ重みづけをもってこの道具の意味に寄与しているとみなしてしまっているのだ。[2]

さてこの話の教訓は何だろうか。それは、用例を採取したりその用例どおりに使用できたりする（つまり使用のルールに通暁している）ということは、道具の意味の理解を必ずしも保証するものではないということである。あらゆる使用が、道具の意味にかかわるのでもなければ、あらゆる使用が同じように重みづけされて、意味にかかわるとも限らない。[3] 意味にかかわる使用とそうでない使用。あるいは、意味に大きく貢献する使用とそれほど貢献しない使用。異星人に欠落しているのは、観察されるさまざまな使用の場面の全体を捉えるための適切な見方である。ハンマーの使用に対する彼らの見方は、いわば「**的外れ**（miss the point）」なのであり、それは人間存在の理解の失敗を端的に示している。さまざまな使用を、単に見るのではなく適切な仕方で見ること。どうやらこのあたりに、道具の意味を真に理解していると言えるための、――異星人の彼らには欠落していて、われわれには備わっているような――ヒントがあるらしい。

ことばの意味をその使用の場面に即して理解しようとするとき、ウィトゲンシュタインはことばを文字通り道具として捉えている（cf. PI §11）。もしことばが道具であるならば、ハンマーについていま問題にしたようなことは、ひとつひとつのことばについても当然問題にされうるはずである。確かに彼によれば、ことばの意味は、それが使用される場面にあますところなくあらわれており、隠されているものなど存在しない。しかし、「意味と関係があるのは使用のどの側面なのか」（Glock 1996, p. 378）という問題は常につきまとう。じっさいにウィトゲンシュタイン自身も「使い方のすべてが〔…〕意味とイコールであるわけではない」（LWI §289）と述べている[4]。またかれは、使用の意味への貢献の度合いの違いや、使用同士の序列の存在も認めている。ことばの意味を素朴に

（1）逆に、釘を打つ使い方と誰かを打ち殺す使い方のあいだに本質的に違いはなく、ひとつの使い方しかないと認識していたならば、それはそれでわれわれのハンマーに対する認識とは食い違っているだろう。
（2）たしかに使用の頻度は、どれが本質的使用でどれが非本質的使用であるのかを見定める基準のひとつにはなりうる。しかし使用の頻度の高さ低さが、本質的／非本質的使用の区別に対応する保証はどこにもない。
（3）異星人による人間存在に対する「無理解」の雰囲気をよく伝える作品として、作／滕子・F・不二雄、画／小森麻美の「宇宙人レポート サンプルAとB」（1977/2000）がある（cf. 永井 2009 10-2頁）。同作品は、地球にやってきた異星人がロミオとジュリエットの世界を観察するというものだが、異星人たちは、決闘を「上肢に持った金属片を相手の体の中に挿入する」、食事を「かつて生命活動をおこなっていたらしい形跡…を身体上部の穴に押し込」む、性的交渉を「外皮を取り去った両者の体」にある「相違点を奇妙な形で利用しあった」などと記述する。このような異星人による、人間の生活の理解についての「的外れ」さは間接的に、ことばや道具の理解において何が必要なのかを照射している。

その使用と同一視する意味の使用説は、明らかにこうした問題を扱うすべを欠いている。どの使用がそのことばの意味にかかわっているのか、それともいないのか。どの使用がそのことばの意味により大きく貢献しているのか、それともさほど貢献していないのか。どの使用が他の使用に（論理的に）先行しているのか。そもそもどの使用を同じ使用とみなせばよいのか……。こうした判断は、ことばの使用の全体を適切に捉えるための視点が与えられることではじめて可能となる。ことばの意味を真に「理解する（get the point）」ときに、われわれが理解しているもの。そしてそれを欠くことでことばの理解が「的外れ（miss the point）」になってしまうもの。それがこれから考えていくことになる「意味」、すなわちことばの「ポイント」である。

2　意味概念はどのような機能を果たすのか

「意味」と「ポイント」のあいだに何かしらの概念的な連関があることはいまみたところからも明らかであるように思われる。先述のとおりウィトゲンシュタインは「意味とはすなわちことばのポイントである」（MS 130 43）と書き残している。問題は、この一節が言わんとしていることを彼のテキストと可能な限り整合的に解釈することである。なぜウィトゲンシュタインは、ことばのポイントを意味とみなすのだろうか。この大きな問いをひとまず以下のふたつの問いへと分解することにしよう。ひとつは「「意味」とはどのような機能を果たすものだとウィトゲンシュタインは信じているのか」という問いであり、もうひとつは「ポイントは、その機能をどのようなかたちで果たしているのか」という問いである。本節（2・1〜2・3）では前者について考えていく。

2・1　意味概念の機能について知るにはどうすればよいのか——意味の説明のゲームを見よ！

ハンマーが何かを打ちつけるために、物差しがものの大きさを計測するために使われるように、ことばは特定の使用の場面、すなわち言語ゲームにおいて特定の機能を果たすことが期待される。いまわれわれが知りたいと思っているのは、「意味」という概念の機能である。「意味」概念の機能について知るにはどうすればよいのか。答えは簡単だ。「意味」概念が使用される場面を見ればよい。ウィトゲンシュタインの「ことばの意味について理解したければ、その使用を見よ！」という方法論的態度は、「意味」という概念それ自体にもとうぜん適用される。[5]そしてわれわれはいま「意味」の使用の場面に着目することで、いわばその「意味」の意味をつかまえ

（4）例えば、動詞の現在形と過去形の違いは、確かに使用の違いではあるかもしれない（cf. RFPI §55）。しかしその違いがことばの意味の違いとして捉えられるかと言われれば、手放しにそうだとは言い難い。ただし現在形と過去形という使用の違いが、意味の違いとして出てくるような可能性をここで排除しているわけではない。

（5）ウィトゲンシュタインの哲学のなかに、メタ概念のような観点は存在しない（cf. PI §12）。この点については大谷（2010）、53頁を参照。

ようとしている。この「意味」の意味のことを、本章では**「意味」の機能**と呼ぶことにしたい。「意味」の機能へのアプローチ方針がこのように定まったとして、次に見極めなければならないのは、どの使用の場面を見ればよいのかということである。ここでひとつ注意しておかなければならないことがある。それは、「意味」ということばが要請される場面は、われわれが思っているほどには多くないということである。たしかに哲学、特に言語哲学において「意味」という概念は、「真理」や「命題」などと同様に、ある種の特権的な地位を占めている。しかし日常生活においてもそれが主役級の働きをしているわけではない。むしろ**日常的な言語ゲームの流れが滞ったときに**はじめて「意味」概念は顔を出す。そうした「意味」の使用の場面としてウィトゲンシュタインが着目するのが、意味の説明の言語ゲームである。

ことばの意味とは何か。

この問題に迫るためにまず、ことばの意味の説明とは何か、ことばの説明とはどのようなものかを問うてみよう。（BB 1／邦訳 21 頁）

〔「意味の説明とは何か?」と問うことによって〕あなたはある意味で「意味とは何か?」という問いを地上に降ろすことになる。というのも「意味」の意味を理解するために、「意味の説明」の意味を理解していなければならないのは確かなことだからである。大雑把に言えば、「意味の説明が説明するものが意味になるはずだから、意味の説明とは何かと問おう」ということである。（BB 1／邦訳 21-2 頁）

「ことばの意味とは、意味の説明が説明するものである。」すなわち、「意味」ということばの使用を理解したいなら、ひとが「意味の説明」と呼ぶものに目を向けることだ。（PI §560）

「痛い」が痛みの表出の言語ゲームにおいて、「＋」が計算の言語ゲームにおいて使用されるように、「意味」ということばは意味の説明のゲームにおいてもっぱら使用されるものだとウィトゲンシュタインは考える。そして意味の説明のゲームのなかでプレイヤーが与えるものが「意味」と呼ばれるべきものだと主張する。(6) だとすれば、意味の説明のゲームがどのようにプレイされ、プレイヤーがそこで何を与えることを期待されているのかが明らかにできれば、われわれは「意味」の機能を——少なくとも、ウィトゲンシュタインが「意味」の機能だと信じていたものを——知ることができるはずである。

まずこの意味の説明のゲームの大枠を確認することにしよう。押さえておきたいのは、この言語

（6）ウィトゲンシュタインは、中期から後期にかけて「ことばの意味とは、意味の説明によって与えられるものである」というスタンスを崩さず保持している。（cf. PG 59／邦訳 70 頁；BT 29-32; BB 1／邦訳 21-2 頁；PI §560）

ゲームが日常的な言語ゲームからの一時的な離脱としてプレイされるということ、したがって、日常的な言語ゲームとはある意味で異なるフェイズでプレイされるものだということである。

そもそも意味の説明のゲームは何をトリガーにしてはじまるのだろうか。当然のことだが、われわれはそのことばをすでに理解している人に向けてその意味を説明することなどふつうはしない。意味を説明するのは、意味を説明する必要があるからであり、意味の説明を必要としている人、つまりことばの理解を欠いている人がいるからである。（逆に言えば、言語ゲームの続行に何ら支障をきたさず、プレイヤー同士で意味が共有されているとき、ことばの「意味」が問題になることはない。）

しかしことばの理解の欠落にもさまざまなタイプがあるはずだ。たとえば、そのことばを未だ習得していない子どもは、確かにことばの理解を欠いていると言えるかもしれない。子どもの示す理解の欠如は、ことばの「無理解（not understanding）」と表現できるかもしれない。しかしウィトゲンシュタインに言わせれば、彼らに不足しているのは、意味の説明ではなくむしろ「訓練」だ。[7] 彼らはまず身体レベル・反応のレベルでそのことばの使い方を徹底的に叩き込まれる必要がある。意味の説明のゲームをプレイできるような地点にまで彼らはまだ達していないのだ。

意味の説明のゲームの真のターゲットとなるのは、別のタイプの理解の欠落、すなわち「誤解(misunderstanding)」である。

意味の説明は、意味に関するあらゆる不一致（*disagreement*）を除去しうる。意味の説明は、誤解

を解きうる。ここで問題になっているところの理解とは、説明の相関者である。(PG 60／邦訳71頁)

説明によって取り除かれうるものだけを、私は誤解と呼ぶ。ことばの意味の説明は誤解を除外する。(BT 30)

ここでウィトゲンシュタインは「意味の説明」、「誤解」、そして「理解」という三つの概念の連関を指摘している。「意味の説明」によって取り除かれるものが、意味に関する不一致としての「誤解」であり、「意味の説明」によってもたらされるものが「理解」である。そして「理解」は「誤解」が解消された状態として位置づけられている。このことを時系列に沿って記述するならば、次のようになる。まずことばを使用している場面(言語ゲームをプレイしている場面)でことばの使用に不一致=「誤解」があることが発覚する(STEP 1)。この誤解を解消するためにプレイヤーは「意味の説明」のゲームに移行する(STEP 2)。そして意味の説明が首尾よく行われ、プレイヤー相互に「理解」がもたらされる(「誤解」が解消される)ことで「意味の説明」のゲームは終了する(STEP 3)。

(7)「説明による習得」が、「訓練による習得」と「規則による説明」との混同の産物であるという論点については、野矢(2013)520-1頁を参照。

このプロセスをチェスゲームに即してひととおりなぞってみることにしよう。試合途中プレイヤーAが、ポーンを斜め前に動かそうとする（ポーンは初手を除き、前方に1マスしか進めない）。ここでプレイヤーBは「いや、ポーンはそこには進めないよ」とAの動きを静止する。Aは「えっ、そうだっけ？　いや動かせるはずだよ」と応じる。ここで、プレイヤーAとBのあいだに、ポーンの使い方についての不一致があることが発覚する（STEP 1）。このままでは、二人のプレイヤーはチェスゲームを続行することができない。そこで二人は一旦チェスゲームを中断して、別のゲームに移行しなければならない。それがポーンについての意味の説明のゲームである（STEP 2）。このゲームで二人は、ポーンの使い方にどのような不一致があるのかを確かめあい、（この場合であればプレイヤーAの）誤解を解くことで不一致を解消する。そして意味の説明のゲームを終了し、チェスゲームを再開することになる（STEP 3）。

このように意味の説明のゲームとは、すでにプレイされている言語ゲームの内部で生じた誤解（ことばの使用の不一致）を契機にして、その言語ゲームからの一時的離脱というかたちでプレイされる、特殊な言語ゲームである。プレイヤーは短期的には誤解の解消を、長期的にはもとの言語ゲームへの復帰を目指してこのゲームをプレイする。特定の言語ゲームに付随することなしに、自己目的的にプレイされるような意味の説明のゲームなるものは存在しない。その点で意味の説明のゲームは、日常的にプレイされる言語ゲームとは異なるフェイズでプレイされるものだと言える(8)。

意味の説明のゲームがこうした一時離脱的な性格をもつ以上、意味の説明のゲームをその本来の使用場面、「ふるさと（Heimat）」（PI §116）にもつ「意味」概念の機能についても、次のような見通しを立てることができる。日常的な言語ゲームにおいてわれわれは、自分がどのような仕方でことばを使っているのかを意識せず、「盲目的に（*blind, blindly*）」（PI §219）ことばを使用している。そのスムーズな流れが誤解によって堰き止められ淀みが生じたとき、われわれはその日常的な言語ゲームのレベルから一旦身を引き離し、自分たちのことばの使い方を吟味するレベルに移行することを要求される。こうした場面こそが「意味」概念の生きる場所であるならば、**「意味」の機能とは、自分たちのことばの使用自体を反省したり、評価したりすることのうちに存する**はずである。自分たちのことばの使用に対して適切な見方を与えること、これが「意味」の機能として求められてい

（8）ウィトゲンシュタインは、言語ゲームということで、命令することや、いきさつを報告すること、計算問題を解くこと、物語を作ること、仮説を立て検証すること等、実にさまざまな活動を念頭に置いている（cf. PI §23）。しかし必ずしもすべての言語ゲームが、同じ次元において、いわばのっぺりとしたかたちで存在しているわけではない。ter Hark (1990) はこの事態を、言語ゲーム間の「垂直的関係／水平的関係」として整理している。たとえば、痛がっているふりをするという言語ゲームは、喜んでいるふりをするという言語ゲームに対しては「水平的」な関係に立っている。しかし本物の痛みを表出する言語ゲームに対しては「垂直的」な関係に立つ（ter Hark 1990, p. 34; cf. Schneider 1999, p. 148）。それは、後者のゲームの成立をぬきにして、前者のゲームが論理的に成立しえないからである。ハークの表現を借りるならば、意味の説明のゲームは、別の何らかの言語ゲームに対して垂直的な関係に立つと言える。ちなみにハークは、すべての言語ゲームが同じ次元で機能していると思い込む誤謬を「地上階の誤謬（ground-floor fallacy）」と呼んでいる。

ることだとさしあたりは言える。

2・2　意味の説明のゲームのトリガーとなる誤解

意味の説明のゲームと「意味」の機能の大枠を押さえたところで、ここからは意味の説明のゲームがどのようにプレイされるのかをもう少し細かく見ていくことにしよう。このゲームの内実を捉えるためには、このゲームのトリガーとなる「誤解」がそもそもどのような事態であるのかを正しく捉えることが重要である。

先にことばを理解していないあり方として「無理解」と「誤解」とを区別しておいたが、「誤解」にもとうぜん様々なタイプのものが存在する。たとえば、専門用語や旧式の言い回し、外国語の単語など、普段からあまり慣れ親しんでいないことばを使用することが、ディスコミュニケーションをもたらすことはよくあることだ。だが、そのようなかたちで引き起こされる誤解はある意味では些末なものであり、哲学的に関心を惹くようなものではないとウィトゲンシュタインは考えている（そしてそのような誤解を解くための意味の説明のゲームもウィトゲンシュタインが関心を示すものではないだろう）。では哲学的に意義のある誤解とはどのようなものなのだろうか。それは、ひとつのことばが様々な機能を果たすことに起因する誤解、すなわち、同じことばのある使い方を、別の使い方と取り違えるような種類の誤解である[9]。

ウィトゲンシュタインは、『数学についての講義』の冒頭において、自身が関心を抱く誤解がどのような種類のものであるのかについて次のように述べている。少し長くなるが引用しよう。

謎はありふれた日常の言葉からだけではなく、専門的な数学の用語からも生まれるだろう。しかし、この種の誤解には私は関心がない。この種の誤解は特にわれわれの興味を惹く特徴をもっていない。つまり、それほど執拗なものでもなければ、取り除くことが難しいものでもないのだ。

さて、諸君は簡単な解決策が存在すると考えるかもしれない。すなわち、誤解されている古い言葉を新しい言葉に置き換えれば、言葉についての誤解は取り除くことができるのではないか、と。しかし、そんなに単純な話ではない。確かにそのような仕方で誤解が取り除かれることもあるだろうが。

どのような種類の誤解について私は話しているのか。その誤解は、言語において非常に異なる機能をもっている諸表現を同一視してしまう傾向から生じている。われわれは「数」という言葉を、ある一定のアナロジーに導かれて、多くの異なるケースにおいて使用する。われわれは、非常に異なる物事を同じ図式で語ろうとするのである。これは部分的には経済性の問題である。またわれわれは、「これらすべてのものは、同じように見えるけれども、本当は異なっている」

（9）「誤解」とは文字通り何かと何かを取り違えることで、誤って理解することである。

と言いたくなる傾向よりも遥かに、「これらすべてのものは、異なって見えるけれども、本当は同じである」と言いたくなる傾向をもっている。この点でわれわれは未開人のようなのである。したがって私は、物事の間に普通は類似性が強調されるところでも、それらの間の違いを強調せねばならないだろう。（LFM pp. 14-5／邦訳 19 頁）

ここでウィトゲンシュタインは「言語において非常に異なる機能をもっている諸表現を同一視してしまう」ことに起因する誤解こそが、「執拗」で取り除くことが難しく、それだけに、哲学が着手するに値するものだと考えている。こうした誤解の具体例については次節で詳述することになるが、ここではたとえば、ドイツ語の「ist」という記号が、繋辞としても等号としても使用されることに起因する誤解や、「なぜ」という記号が、理由を問うときにも原因を問うときにも使用されることに起因する誤解（BB 15／邦訳 43 頁；TLP 3.323; AWL pp. 98-9／邦訳 237 頁；PI §558; LWI §§305-7）などを念頭においておけばよいだろう。[10] 端的に言えば、ウィトゲンシュタインが着目する誤解とは、「表記上（音声上）は同じ記号が、別の仕方で用いられている」[11]と見なされるような、そうしたことばの使用の不一致なのである。

ところで、表面的な記号としての同一性に哲学的混乱の根があるという洞察は、前期の著作である『論考』においてもすでに顔を覗かせていた。[12]

日常言語では、同じ語が異なった仕方で表現をする——つまり同じ語が異なったシンボルに属する——ことがきわめて多い。あるいはまた、異なった仕方で表現をする二つの語が外見上は同じ仕方で命題中に用いられることも。（TLP 3.323）

かくしてもっとも基本的な混同が容易に生じる。（哲学の全体がこうした混同に満ちている）（TLP 3.324）

（10）「+」という記号に、足し算としてだけではなくクワス算としての使用が確立されているという条件がつくならば、68+57=125と計算してしまう者を、この種の誤解を犯しているものとしてカウントすることもできる（cf. Kripke 1982; 飯田 2016、2章）。

（11）ここでウィトゲンシュタイン自身の「同じ」ということばの使い方に注意を促しておきたい。ウィトゲンシュタインは、「同じ（same）」ということばについて自身が語ることは、「同様な（similar）」や「類似した（analogous）」についてもあてはまると述べている（LFM p. 58／邦訳 101頁）。ここで念頭に置かれている誤解も、文字通り同じ記号がもつ別の使い方に由来するものだけでなく、類似した記号（たとえば、表層文法上類似した記号）の別の使い方に由来するものも射程に入っていると考えてよい。ただし本書では、議論の簡便化のため、表面上全く同じ記号が複数の使い方を持つことに由来するケースだけを扱うことにする。

（12）『論考』では、命題とその部分は、非本質的な要素である「記号（Zeichen）」（文字記号、音声記号等）と本質的な要素である「シンボル（Symbol）」とに分けられている（「記号はシンボルの知覚可能な側面である」（TLP 3.32））。したがって『論考』の言葉づかいにしたがえば、ふたつの異なる「シンボル」が同じ「記号」を共有すること（TLP 3.321）が、哲学的混乱の根ということになる。

前期ウィトゲンシュタインの場合、こうした誤解は「異なるシンボルに同じ記号が使用されていたり、表現の仕方の異なる記号が同じ仕方で使用されているかのような見かけをもっていたりすることのない、誤謬を排した記号言語」（TLP 3.325）の使用によって解決されると信じられていた。それに対し、すべてをあるがままにしておこうとする後期ウィトゲンシュタインの場合（cf. PI §124）、その解決は言語の実際の使用に手を触れることによってではなく、使用同士のあいだに秩序を作り出すことによってなされる。

われわれが欲しているのは、言語の使用に関するわれわれの知識に何らかの秩序を生み出すことである。ある特定の目的のために何らかの秩序を、可能な多くの秩序の中の一つを生み出すことであり、それ以外にはないという秩序を生み出すことではない。この目的のためにわれわれは繰り返し、日常的に用いている言語形式のために見逃しがちな様々な区別を強調する。（PI §132）

誤解を契機としてはじまる意味の説明のゲームとは、使用同士のあいだに秩序を作り出すためにプレイされるのである。

2・3　意味の説明のゲームはどのようにプレイされるのか

　前節でみたような誤解＝ことばの使用の不一致に対して、われわれはどのような対応を迫られるだろうか。ここでは、「＋」で足し算を意味するWと、クワス算を意味するKの不一致に即して考えてみよう。クワス算とは、x＋yのxとyがともに57より小さいときには足し算と同じ結果となり、xとyのいずれかが57以上であるときには5となる演算である（cf. Kripke 1982）。この場面で二人はある意味では同じことばを使っている。つまり、表記上（音声上）においては、同じ記号「＋」を使っている。しかし両者はべつのことばを使っているとも言える。なぜなら、「＋」という記号を、Wは足し算の意味で、Kはクワス算の意味で使用しているからである。WとKのあいだのことばの使用の食い違いが、形式的なものではなく実質的なものだとするならば（つまり、両者の使用が全く異なるものでも、全く同じものでもないとするならば）、両者は何かを共有しつつ、何かを異にしているはずである。このときわれわれは、ことばの使用を表記上（音声上）の「記号」と「意味」とに分離することを求められる。そして両者が共有しているものを「記号」の側に、異にしているものを「意味」の側に担わせる。[13] すなわち、二人のことばの使用の違いは、同じ記号を別の意味で使っている事態として了解されるのである。

　以上の考察から、意味の説明のゲームにおいてわれわれが何をしているのかを一般的に特徴づけ

（13）これは、『論考』で言うところの「シンボル」と「記号」の区別に相当するだろう。

ることが可能となる。意味の説明は、日常的な言語実践における誤解＝ことばの使用の違いを調停するために行われるものである。この誤解を契機として意味の説明のゲームに移行するとき、プレイヤーはまず、意味の説明のゲームの準備として（チェスゲームの前に、駒を初期の配置にセッティングするように）、自身のことばの使用を、文字面としての記号と、意味のレベルとに分節化する。そうすることによって、同じ記号のどこにどのような違いがあるのかをプレイヤー同士で吟味する条件が整うことになる。こうして意味の説明のゲームがスタートするわけだが、そこでプレイヤーに求められるのは、両者のことばの使用を区別する視点を適切に与える（あるいは与え合う）ことである。(14)

（STEP 1）あることばについて、べつの意味（使い方）の可能性が示唆される。
（STEP 2）ことばが、表記上（音声上）の「記号」と「意味（使い方）」の次元とに分割される。
（STEP 3）「意味（使い方）」が、記号の使用に秩序をもたらす視点となる。

ここでは「意味」概念の機能と、前章でみた画像における「アスペクト」や言語ゲームにおける「ポイント」の機能との同型性が確認できる。前繰り返しになるが、アスペクトやポイントとは、同じ画像を別の仕方で見ている、あるいは同じルールの体系を別の仕方でプレイしていることが直観されたときに、その相違を確保するために要請される次元であった。同じように「意味」概念は、表記上や音声上は同じことばを別の仕方で使っていると言わなければならないときに、その違いを確保する次元として機能している。そしてそのかぎりにおいて、ことばの意味とは、ことばの使用を適切に区別する、使用に対する見方＝ことばの使い方とみなされるのである。

3　同じことばが別の使用ルールをもつ

ここまでの内容をふりかえっておこう。われわれは「意味」の機能を明らかにするために「意味」概念が使用される本来の場所として意味の説明のゲームに着目した。意味の説明のゲームとは、ことばの使用の不一致としての誤解（同じ記号が複数の使用を持つことに起因する誤解）を解消するために行われる。このゲームにおいてプレイヤーは、ことばの使用同士を適切に区別する視点を作ることが要求される。ウィトゲンシュタインは、意味の説明によって与えられるものこそが「意味」だと考えていた。したがってこの使用同士を区別する視点こそが、彼がことばの『意味』とみなしていた。

(14) そしてこの与え方にこそ、意味の説明のゲームの妙がある。というのも、ことばの使用同士を区別するやり方や、またその区別の示し方はひと通りというわけではないからである（cf. BB 58／邦訳 107-8 頁；PI §132）。「ある語が二種類の（またはそれ以上の）違う使われ方で使われていると言われても、それだけではその使い方についてまだ何も明らかにはなっていない」（BB 58／邦訳 107 頁）ため、この違いがどのような違いであるのかを可視化するのが意味の説明のゲームであるとも言える。

いたものの正体だということになる。ことばの使用が違っているとみなされるとき、その違いを収容する次元。「意味」とはいわば、**ことばの使用の「単位（unit）」**なのである。

ところで単位というものは、計測されるもの（長さや時間、質量等）のスケールに応じて、都合のよいものが選ばれる（長さで言えば、スケールの小さいものに対してはピコメートル（pm）やナノメートル（nm）といった単位が、スケールの大きなものに対しては、メガメートル（Mm）やギガメートル（Gm）といった単位が使用されるように）。そしてことばについても、どのようなスケールでそれを区別するかに応じてふたつの単位が用意されることになる。それが**ミクロな単位としての「ルール」**と、**マクロな単位としての「ポイント」**である。[15]

まず、ミクロな単位としてのルールについて考えてみよう。（表記上・音声上）同じことばが別の意味をもっていると言われるのはふつう、それらが別のルールで使用されていると見なされているからである。たとえば、次のような例を見てみよう。[16]

A：「バラは赤色**である**（Die Rose **ist** rot.）」

B：「2掛ける2は4**である**（Zwei mal zwei **ist** vier.）」

ここで、Aにおける「である（ist）」は、Bにおける「である（ist）」とは別様に使われている。しかし、たとえば「バラは赤いが、赤ではない（Die Rose ist rot, und ist doch wieder nicht rot.）」（TS 220 79;

cf. Baker 2004, p. 30）問題に頭を悩ませる人などは、ふたつの使用を混同してしまっていると言えるだろう。この種の混同・誤解をしている人に意味の説明を行うとき、プレイヤーは何かしらの形で二つの使用を区別することが求められる。そしてそれは通常、AとBにおける「ist」が使用されているルールの違いを示すことによってなされる。

たとえば、それぞれの「ist」が他のどのような表現と置き換え可能であるかを示すことは、使用のルールを提示する典型的な方法である。つまり「文Aにおける「ist」は、「…と同一である」と同じだよ」、「文Bにおける「ist」は、「…の一部に含まれている」と同じだよ」などと言うことで、その「ist」が使用されているところの、ルールの違いを教えるのである。(17)

ところでウィトゲンシュタインは、「ist」の使用をこのように区別することについて、戦前版

---

(15) ルールとポイントの関係が、ミクロとマクロの関係になっているというアイデアについては、ウィトゲンシュタイン研究会にて慶應義塾大学の荒畑靖宏氏から頂戴したコメントに負っている。

(16) この例は、ウィトゲンシュタインが前期から晩年期に至るまで好んで用いたものである（cf. TLP 3.323; AWL 98-9／邦訳 237-8頁; PI §558; LWI §§305-7）。また、「である（ist）」の繋辞としての用法と等号としての用法がもたらす哲学的問題については、Waismann（1965）の第2章、および Baker（2004）を参考にしている。

(17) 日常言語において「…と同一である」と「…の一部に含まれている」は区別されている。そうであればこそわれわれは、フォルクスワーゲンと車のように、「同じというわけではないが、一方が他方に含まれている」関係や、明けの明星と宵の明星のように「端的に同じであり、一方が他方に含まれているわけではない」関係について語ることができる。

『哲学探究』（TS 220）のなかで次のように述べている（cf. Baker 2004）。

われわれは、ある表現方法に対して、別の表現方法を対置することによって、アスペクト（Aspekt）を変える。〔…〕「ist」という語を、あるときには「＝」で、またあるときには、「ε」で置き換える表記法を採用すると、相違性における同一性の問題［バラは赤いが、赤ではない問題］は消えていくことになる。（TS 220 79-80）

ここでウィトゲンシュタインは、ある表現「ist」を別の表現（「＝」または「ε」）に置き換えることを、「ist」の使用を特定のアスペクトのもとで眺めることへの促しとみなしている。それはちょうど、ジャストロー図形をどのように見ればよいのかがわからない人に対して、ウサギの絵（アヒルの絵）を隣に置いてやることと似ている。ウサギの絵（アヒルの絵）がその図形をどのように見るべきかに関する範例、ルールの表現として機能するように、「…と同じである（＝）」や「…の一部である（ε）」もまた、「ことばの使用をどのように見ればよいのか」に関する範例、ルールの表現として機能しているのである。

繰り返し述べているとおり、使用を区別するときに要請される次元こそ、ウィトゲンシュタインがことばの「意味」と呼ぶものである。そして多くの場合、ことばの使用はルールによって区別される。ことばの意味とは使い方、その使用のルールであるというウィトゲンシュタインのテーゼはひとまずこのように理解されなければならない。

4　同じことばが別のポイントをもつ

しかしことばは、ルールが違うのとは別の仕方でも異なる意味をもちうるし、異なる使い方となりうる。すなわち、使用のルールを共有しているように見えても、ポイントを異にすることで異なる意味、異なる使い方になりうるのである。

本章の冒頭でみた異星人による用例採取の例に立ち戻ってみよう。さきの話の教訓は、単にわれわれと同じようにさまざまな仕方で道具を使用できるということは、われわれのように道具を理解していることを必ずしも保証しないということだった。異星人たちは、われわれと同じように、釘を打ったり、仲間を殺したりするためにハンマーを使うことができる。しかし、ふたつの使用が同じようにハンマーの意味に貢献しているとみなしているとき、彼らには、われわれには見えている何かが見えていない。ハンマーであれことばであれ、道具の理解にとって本質的であるのは、**複数の使用のうちにどのような関係が成り立っているのかを全体として捉える適切な見方**である。それが、ことばの意味を真に「理解（get the point）」していることと、その理解が「的外れ（miss the point）」であることとを分けるのである。

4・1　統一的使用と非統一的使用――どの使用が同じなのか

当然のことながらことばは、さまざまな場面で繰り返し使われていく。そうした同じことばの複数の使用のあいだには、さまざまな関係が成り立っている。そのなかでももっとも基本的な関係は、「同じ／異なる」という関係だろう。われわれは同じことばのさまざまな使い方を「同じ／異なる」という観点から分類している。けれども、この使用を分類する体系があべこべだったとしたらどうだろうか。つまり、われわれが異なる使用だとみなすところに相違を見出さなかったり、逆に、われわれが同じ使用だとみなしているところに相違を見出したりする者がいたらどうだろうか。たとえ表面的にはそのことばを適用する場面が合致しているとしても（個別的には、使用に関するルールが共有されているようにみえても）、そのような認識のもとでことばを使用しているとき、彼らはわれわれと真に同じ仕方ではことばを使用していない。彼らには、われわれのことばの使用が本当には見えていないし理解できてもいない。同じようにわれわれもまた、彼らのようにことばを使用することを要求するような生活がどのようなものかを想像することができないはずだ。

いま述べたように、「同じ／異なる」をめぐるわれわれと彼らの対立は、ふたつの仕方で起こりうる。ひとつは、われわれが異なる使用だとみなすところに彼らが本質的な違いを見出さないというケース。もうひとつは、われわれが同じ使用だとみなすところに本質的な相違を見出すというケースである。

まず前者から見ていこう。われわれが同じことばのふたつの異なる使用とみなすのは、たとえば先に見た次のような使用である。

A：「バラは赤色である（Die Rose ist rot.）」

B：「2掛ける2は4である（Zwei mal zwei ist vier.）」

ここで、われわれが等号と繫辞という異なる使用だと見なすところに、本質的な違いを見出さない者がいたらどうだろうか。そのような違いを認識することなしに「ist」を使用する者がいたらどうだろうか。たとえばヘルマン・ロッツェ（1817-1881）は、その著書『論理学（*Logik*）』（1874）において、「S is P.」という判断は不可能であるから、「S is S.」および「P is P.」という風に書き替えなければならないと考えていたという（Lotze 1874 §54; cf. Waismann 1965, Chap. 2, Note 7）[18]。ロッツェによるこうした哲学的言説は、「ist」の複数の使用を単一の使用へと塗りつぶそうとすることではじめて可能となっている[19]。もしかすると、繫辞としての使用と繫辞としての使用のあいだに本質的な違いを見出さないロッツェのようなひとも、適用状況や個々の使用ルールのレベルでは、われわれとの違いは顕在化しないかもしれない。しかしそれでも、われわれの「ist」の使用とかれらの「ist」の使用は端的に異なっている。ここで問題になるのは、「ist」の個々の使用やそのルールをめぐる対立ではなく、「ist」がもつ複数の使用同士に成り立っている関係全体をめぐる対立である。

次に見るのはそれとは反対のケース、つまりわれわれが同じ使用だとみなすものを、かれらが異なる使用だとみなすケースである。[20]「痛み」の概念を例にとろう。[21]われわれはこのことばを、物理的な損傷の場面ばかりでなく、精神的な損傷の場面においても使用している。いまから比較しようとしているかれらもまた、少なくとも外見上は同じように、物理的な損傷にも精神的な損傷にも「痛み」の概念を適用できると想定しよう。つまりかれらは、われわれと同じように以下の文Aと文Bのように「痛み」を適用できる。

(18) ここで筆者は、日常言語における「ist」の二つの使用の「誤解」を根として「誤謬」を犯した、つまり誤った哲学的主張をしてしまった者としてロッツェを解釈している。ウィトゲンシュタインは、この「ist」事例においてロッツェらが犯している誤謬と同型のものを、観念論者や独我論者に対しても見出している(cf. BB 56-7/邦訳 105-6頁)。ここではやや長くなるが、観念論者の日常言語からの逸脱を「ist」事例と同じように再構成してみよう。(永井 2012 90-5頁を参考にした。) 日常言語において、「(存在し) なくなる」と、「見えなくなる」は明確に区別されている。それゆえにわれわれは、「見えなくなっているにもかかわらず存在している」ものに場所を空けておき、それについて語ることができる。(たとえば、ホワイトボードに背を向けて学生に話しかけるとき、私に黒板は見えていないが、黒板はきちんと存在している) だが、このふたつの概念の機能をひとつの記号、たとえば「消える」が担うとき誤解が生じうる。たとえばA:「海辺に繋いであったボートが、いつの間にか消えてしまった」とB:「ボートのそばを離れたら、ボートが消えてしまった」を比較してみる。Aにおける「消える」は「(存在し) なくなる」の意味で、Bにおける「消える」は、「見えなくなる」の意味で使われている。しかし、両者の機能の違いが「消える」というひとつの記号によって見えなくなると、たとえば「誰も見なくなったら、このボートは消える」といったかたちで「消える」を使用することになる。

(19) 形而上学が日常言語から逸脱しているとウィトゲンシュタインが言うとき、日常言語で引かれているはずの使用同士の線引きが、形而上学的言説では、不当に乗り越えられてしまっているという事態が想定されていることが多い。その意味で、形而上学者による日常言語からの逸脱は、使用ルールの逸脱ではなく、使用のポイントの逸脱として理解されるべきである。

(20) ウィトゲンシュタインはことばの使用のズレを、地図上における地域の区切り方の違いとして次のように説明している。「彼［日常的なことばの使い方とは異なる使い方をしようとしているひと］は、たとえば「デボン州」という名を、いま取り決められている地域に対してではなく、それとは別の仕方で区切られた地域に対して用いたいと感じている。彼はそのことを、「ここに境界線を引いて、これを一つの州にするのは理にかなっていないのではないか」と言って表現することもできよう。だが彼は「実在のデボン州はここだ」と言う。これに対しては、「あなたが欲しているのは単にある新たな表記法であり、新たな表記法によって地理上の事実が変わるわけではない」と答えられよう。」(BB57／邦訳106頁)

(21) 以下は、ウィトゲンシュタインが創作した観察可能な痛みとそうでない痛みとを区別する部族の例を参考にして作成している。「ある部族には、われわれの〈痛み〉という概念に類似する二つの概念がある。そのひとつは観察可能な外傷に適用されるものであり、救護、同情、等々と結びついている。もうひとつは、たとえば、胃痛に適用されるものであり、苦痛を訴える人に対する嘲りと結びついている。「だが、彼らは本当に類似性をそこに認めないのか。」——だがそもそもわれわれは、類似性があるところでは、いつでもひとつの概念をもっているのだろうか。問題は、かれらにとってその類似性が重要であるのか、ということである。またその類似性が、彼らにとって重要である必要があるのか。また、なぜ彼らの概念がわれわれの〈痛み〉の概念を分割してはならないのか」(Z §380)「しかしその場合、この部族の者は、現に存在しているものを見落とすわけではないだろうか。——なるほどかれはそれに注意してはいない。だが、なぜ注意する必要があるのか。——しかしその場合には、かれの概念はわれわれの概念とは根本的に異なっている。——根本的に異なっているって？ 確かに異なっている——だがその場合、かれのことばはわれわれのことばと同じものを、名指すことはできないように思われる。つまり、ただその一部分のみを名指しているのである。——しかしかれの概念が異なっている以上、そのように見えるのが当然なのである。なぜなら、われわれの概念の曖昧さは、当然、そのことばが名指す対象のうちに投影されるはずだから。つまり、もしその曖昧さがなくなるなら、〈意味された同じもの〉もまた存在しなくなるのである。われわれが用いる像は、曖昧さを象徴する」(Z §381)

A：「（生々しい怪我の箇所を見て）かれの**苦痛**は察するにあまりある。」

B：「（悲惨な出来事に見舞われたひとを見て）かれの**心的苦痛**は察するにあまりある。」

ところが奇妙なことに、かれらは、文Aにおける「痛み」と文Bにおける「痛み」とを、われわれが「ist」事例において「繋辞」と「等号」を区別したのと全く同じように、区別するのである。つまりかれらは、求められればいつでも、文Aと文Bにおける「痛み」をかれらの母語における表現「X」と「Y」などに置き換える用意があるのだ。ここで想像力を逞しくして、かれらの視点に立って、われわれの「痛み」の使用を眺めてみることにしよう。その視線は、われわれが「ist」事例において「判断はすべて部分的な同一性である」と主張する哲学者に向ける視線と類比的である。すなわち、「ロッツェは「ist」における「＝」と「ε」の使用をごっちゃにしてしまっているね」とわれわれが言うのと全く同じように、「かれは身体にも心にも痛みを感じている」と述べるわれわれについて「あのひとたちの「痛み」は、われわれで言うところの「X」と「Y」を混同して、ごっちゃにしてしまっているね」などと言うのである。

しかし「痛み」というひとつの記号が、身体にも心にも同じように使用されること、つまりふたつの使用がシームレスであることは、われわれの「痛み」概念にとって本質的なことであり、決して混同の結果などではない。したがって、かれらがわれわれと同じ「痛み」概念を習得したいと願っているとすれば、その願いはやはり道半ばということになる。かれらは——たとえ使用の場面で逸脱を犯すことがないとしても――われわれの「痛み」概念の使用をやはり、理解しているとは言えないのである。

ウィトゲンシュタインは、ひとつのことばがもつ複数の使用が、そのことばの意味にどのように寄与しているかについて、**統一的／非統一的**という区別を行っている。(22)

技術がわれわれにとって顔つきをもっている、すなわち、統一的な使用と非統一的な使用の区別について語ることができるということは、ここでは当然重要である。――では、「統一的」や「非統一的」は何を意味しているのだろうか？　こうした表現を通じて、われわれはひとに何を伝えるのだろうか？（Hier ist es nun freilich wichtig, dass eine Technik für uns eine Physiognomie hat. Dass wir z.B. von einer einheitlichen & einer uneinheitlichen Verwendung sprechen können. — Und was bedeutet nun "einheitlich" & "uneinheitlich"? Was teilen wir Einem durch diese Ausdrücke mit?）（MS 136 99a）

言語ゲームがルールの寄せ集め以上の「意味」をもつということを、ウィトゲンシュタインは

(22) 意味の説明のゲームが、統一的／非統一的使用を区別するためにもプレイされるという点においては、以下を参照。「「意味」という概念は、言語の気まぐれな形成と人が呼びうるであろうものと、本質的な形成――言語の目的の本性に含まれるような形成――とを区別するために用いられる」（LWI §326）

「言語ゲームは「顔つき」をもつ」と表現していた（1章3・4）。同様にここでは、ことばが単なる使用技術の寄せ集め以上の「意味」をもつことが「技術は顔つきをもつ」と表現されている。ここで使用技術の単なる寄せ集め、すなわち「非統一的使用」として念頭に置かれているのは、先にみた「ist」のふたつの使用である。

ところで、私が、「である」という言葉は二つの意味で（繋辞として、および、等号として）使われるとは言うが、その意味はその使用であると、つまり繋辞としての使用と等号としての使用であると言おうとしないのは不思議ではないか？

われわれは、これら二つの使用が一つの意味を形づくるわけではないと言いたいのだ。つまり、同じ言葉を使って複数の仕事をしているのは偶然であって、本質的なことではないと言いたいのだ。（PI §561）

ふたつの使用がひとつの意味をかたちづくっているとき、ふたつの使用は統一的である。他方で、ふたつの使用がひとつの意味をかたちづくっていると言えないとき、ふたつの使用は非統一的である。この「ist」における「＝」としての使用と「ε」としての使用が「非統一的」であるという事態は、道具で言えば、万能ナイフの複数の使用に喩えることができるだろう。万能ナイフは、紐を切るのに使用（ナイフとしての使用）することも、ねじを回すのに使用（ドライバーとしての使用）することもできる。しかし、ナイフとしての機能と、ドライバーとしての機能をひとつの道具が担っていることは、まったく本質的なことではない。つまりわれわれは万能ナイフを、統一感をもったひとつの道具としてではなく、ナイフとドライバーが寄せ集められたものとしか見ることができないのである。それに対しロッツェは、「ist」の「＝」と「ε」としての使用を、統一的に使用する。万能ナイフに即して言えば、——どういう仕方であるかはわれわれの側からはまったく想像することができないが——ナイフとドライバーの寄せ集めとしてではなく、お互いがお互いを欠くことができないような仕方で、それをまさにひとつの道具と見なすという事態に相当する。

それに対し、いまみた「痛み」事例においては「ist」事例とは正反対のことが起きている。つまり、われわれの「痛み」概念を理解し損ねているかれらは、身体に使用される痛みと心に使用される痛みとを非統一的に使用しているのに対し、われわれは、両者を統一的に使用していることになる。「痛み」には、確かに物理的なものと精神的なものの違いがあるかもしれない。しかし、われわれの言語においては、その違いは「ist」における「＝」と「ε」の違いと同じものではない。後者の違いが、万能ナイフにおけるナイフとしての使用とドライバーの使用の違いに相当するならば、前者の違いは、ハンマーにおける板に釘を打ち込むときの使用と、穴に杭を打ち込むときの使用の違いに過ぎないのである（BB 58／邦訳 107 頁）。

4・2　本質的使用と非本質的使用、一次的使用と二次的使用——どの使用がより重要なのか

1章においてわれわれは、ゲームの諸ルールのすべてが必ずしも同じ重みでそのゲームの形成に寄与しているわけではないことを見てきた（3、4節）。同じように、ことばの様々な使用のすべてが必ずしも同じ重みでそのことばの形成に寄与しているわけではない（言い換えれば、そのことばが使用される場面としての言語ゲームのすべてが、そのことばの成立にとって同じように重要であるわけではない）。つまり「使い方のすべてが〔…〕意味とイコールであるわけではない」（LWI §289）のであり、ウィトゲンシュタインは、使用のうちにも、（「ist」における「＝」と「ε」のような）重みづけをもたない水平的な区別だけでなく、より本質的な使用とそうではない非本質的使用（cf. LWI §385）、一次的使用と二次的使用（cf. PI §282; PPF §§276, 278）といった、垂直的で、重みづけをもった区別を行っている。要するにことばの使用と使用の間には、序列関係や先行関係が成立しているのである。

ではこの序列関係や先行関係がいまと別様であったとしたら、それは、われわれがいま使っているところのことばと同じものだろうか。たとえば、序列関係にあるふたつの使用が、まったく同じ重みでもってそのことばの形成に寄与するようになったとしたら。あるいは、序列関係や先行関係がきれいに反転してしまったとしたら（つまり本質的・一次的な使用が非本質的・二次的な使用になったり、逆に非本質的・二次的な使用が、本質的・一次的な使用になったりしたら）。次の例を見てみよう。

Ａ：「彼は足をぶつけて**痛がっている**」

B：「この人形はひとに踏まれて**痛がっている**」

われわれは、「痛み」概念を生物に対してだけでなく（A）、場合によっては人形のような無生物に対しても適用する（B）。しかしAとBにおけるふたつの「痛み」概念の使用は、同じ重さでこの概念の成立に貢献しているわけではない。人形やロボットのような無生物に適用されない〈痛み〉の概念を使用する者は、われわれと同じ「痛み」概念をマイナーチェンジしたもの、適用範囲が単に狭いものとして理解することが可能かもしれない。しかし、ひとや動物といった生物に対して適用されない〈痛み〉の概念は、われわれのそれとは全く異なる。その意味で、Aにおける使用はわれわれの「痛み」概念にとってより本質的な使用（一次的な使用）であり、Bにおける使用は「痛み」概念にとって非本質的な使用（二次的な使用）である（cf. PI §282; PPF §§276, 278）。

では、ふたつの使用が同じ重みでもって〈痛み〉の概念の成立に貢献するようになったとしたらどうだろう。このとき、適用対象が生物か無生物かということが、「痛み」概念の使用に影響をすることはないことになる。ふたつの使用は、端的に同じ地位にあるふたつの使用なのである。彼らは、生物・無生物を問わずあらゆる対象に生命や霊魂を認める、アニミズム（animism）的世界を生きているのかもしれない。あるいは、われわれが与えている使用の序列が反転している場合はどうだろうか。彼らにとっては、無生物への適用こそが本質的な使用であり、「痛み」概念の形成により大きく貢献している。こうした言語使用を許す生活がどのようなものかを想像することは難しい。

しかしもしかすると彼らの生活においては、人間がロボットに完全に支配されていて、「痛み」などという高尚な概念は、ロボットという優れた種にしか適用されなくなっているのかもしれない。このように、ことばの使用の序列化の仕方は、われわれの生活形式を反映している。そしてまた、その序列化の仕方を別様にすることは――たとえ適用の状況自体に大きなギャップがないとしても――それを可能にするような別様の生活形式を要請することになるだろう。両者のことばは、たとえ個別の適用状況や適用のルールが合致していたとしても、別の意味、別の使い方をもっている。つまり、使用の序列化の仕方が違うことで、ことばは別の使用のポイントをもつことになるのである。

4・3　使用技術の顔つきとしてのポイント

このことばのポイントについて、使用技術の「顔つき（Physiognomie）」という観点から改めて考えてみよう。前章では、ウィトゲンシュタインが言語ゲームに「顔つき」という概念を適用していることの真意について考えてきた。そこでみえてきたのは、ゲームがルールの単なる寄せ集めではないということ、したがって同じルールにしたがっているように見えても、別のゲームをしている可能性があるということ（チェスと儀式チェス）であった。そしてその違いを収容するために、顔つき（アスペクト）概念は要請されていた。そしてことばについても全く同様の議論をすることが可能である。概念は単なる技術＝使用の寄せ集めではない[23]。表面上はまったく同じようにことばを使用しているように見えても、別の概念を使用しているという可能性がどこまでもありうる。

ただその適用の様子を描写することで、私はその言葉を理解していることになるのだろうか？ そのポイント（point）を理解していることになるのだろうか？ 何か重要なことで勘違いをしていることはないのだろうか？

目下のところ私が知っているのは、人々がこの言葉をどのように使用するかということだけである。実際、それはゲームであるかもしれないし、儀式のひとつの形式であるかもしれない。私にはなぜ彼らがこのように振る舞うのか、言語がかれらの生活とどのように噛み合っているのかが分からない。

意味とは本当に、ことばの使用に過ぎないのだろうか？ この使用がわれわれの生活と噛み合う仕方なのではないだろうか？（PG §29）

ことばの使用を愚直に描写する（cf. LWI §338）だけでは、ことばを理解したことにはならない。

（23） ことばが単なる技術＝使用の寄せ集めではないということは、ことばには、自然な拡張と不自然な拡張とが存在するということを意味する。ことばが顔つきをもつというウィトゲンシュタインの議論に着目して、根源的規約主義の立場をかれに帰する解釈を批判したものとして、Diamond（1991）がある。

誤解の可能性はどこまでもつきまとう。それはちょうど、視覚情報としては過不足がないにも関わらずどういう見方をすればよいのかがわからない「無理解（Nichtverstehen）」（cf. PI §526）があるのと同じである。ことばについても、使用の場面を過不足なく描写できていながら、それでいて使用を適切に捉える見方を欠いた「無理解」というものがありうるのだ。それゆえことばの意味とは、ことばの使用そのものではないし、使用の場面を描写することによって、意味を理解できるようになるとは限らない。ことばの使用についての適切な見方、すなわちポイントこそが意味なのであり、そうした見方＝ポイントを獲得することが、ことばの意味の理解なのである。

　後期のウィトゲンシュタインは、生活との結びつきというやや曖昧な論点に訴えることで、言語ゲームのプレイがただのルールに従った活動ではないこと（そしてことばの使用も単なる記号操作ではないということ）を強調していた（cf. 古田 2018 70-4頁）。そして先の引用でも、「使用がわれわれの生活と噛み合う仕方」が意味ではないかという見解を述べていた。確かに意味は、生活と噛み合う仕方と深く関連している。だが、生活と噛み合う仕方それ自体が意味であるというウィトゲンシュタインの言い回しは、不正確な表現である。

　1章において得られた教訓をもう一度思い出そう。チェスのような言語ゲームと、われわれが生きているこの生活との結びつき方に焦点を合わせるためにはどうすればよかっただろうか。それは、われわれとは別の生活と結びついた同型の言語ゲーム（儀式チェス）との比較に訴えることによってである。そしてゲームと生活との結びつき方はすべて、ルールの序列化の違いとして顕れてくることになる。したがって、あるゲームがわれわれの生活と噛み合う仕方を捉えるとは、実質的には、別の生活と結びついた同型のゲームと、われわれのゲームとのルールの序列化の仕方の違いを押さえることである。そしてその違いを捉える視点が、ゲームのポイントであり、ゲームの意味である。

ことばの場合も全く同様である。ことばがわれわれの生活と噛み合う仕方を捉えるためには、別の生活と結びついていながら、見かけ上は、われわれと同じように使用されることばとの比較に訴えるしかない。そして、**ことばが生活と噛み合う仕方はすべて、使用の分類の仕方や使用同士の序列化の仕方の違いにおいて顕在化する**。したがって、あることばがわれわれの生活と噛み合う仕方を捉えるとは実質的には、別の生活と結びつきながら見た目には同じように使用されていることばと、われわれのことばとのあいだにある使用の分類の仕方や序列化の仕方の違いを押さえることである。そしてこうした違いを捉える視点こそが、ことばのポイントでありことばの意味なのである。[24]

最後に、本章の出発点となっていた「意味とはすなわちことばのポイントである」という遺稿の一節にあらためて立ち戻ってみよう。

> 意味とはすなわちことばのポイントのことである。〔…〕どのようにしてひとは、一方の使用

---

(24) 当然のことながら、われわれと彼らのゲーム同士を比較して見えてくるのは、われわれのゲームのポイントであると同時に、かれらのゲームのポイントでもある。

と他方の使用を区別することができるのだろうか。(Die Bedeutung: der Witz des Wortes. [...] Wie unterscheidet man zwei Arten des Gebrauchs von einer Art des Gebrauchs?)(MS 130 43)

ウィトゲンシュタインによれば、「意味」概念は、ことばの一方の使用と他方の使用を区別するための視点、つまり使用の単位として機能する。しかしことばの使用同士を区別する仕方はひととおりではない。たいていの場合は、使用のルールという観点から区別がなされる。しかし、われわれと生活形式を異にするような彼らのことばの使用との比較がなされるときには――つまりルールを共有しているように見えるのに、それでも別様にことばが使われていると言いたくなるようなときには――ルールとは別の次元が求められる。それがことばのポイントである。ことばは別の使用ルールをもつことでも、別のポイントをもつことでも別の意味になりうる。その限りで、ルールとポイントのいずれもがことばの「意味」である。あるいは、ルールとポイントはいずれも、「ことばの使用をどのように見ればよいのか」という使用についての見方である限りで「使い方」と呼ばれるに値する。

1章ではジャストロー図形における線描とアスペクトの関係と類比的なものとして、言語ゲームにおけるルールとポイントの関係を解釈してきた。この図式を本章では、ことばにおける使用(ルール)とポイントの関係にも拡張してきたことになる。同じルールの体系が、別様の序列化を被ることで別のポイントをもった別のゲームとなるように、ことばもまた、それを構成するさまざまな使用がどのような序列化を被るか、どのような分類を受けるかによって、別のポイントをもつ別のことばになるのである。

第3章　哲学の問題とはポイントの問題である

ここまでわれわれは、言語ゲームとことばのそれぞれの観点からポイント概念の解明を行ってきた。そして言語ゲームのポイントとはルールの序列化の仕方であり、ことばのポイントとはことばの使い方（使用の序列化の仕方、使用の分類の仕方）であるという結論を得た。だが言語ゲームやことばのポイントの解明は、ポイント概念そのものの解明にまでは至っていない。第Ⅰ部の終章となる本章ではまず、何かと何かを比較するという文脈を押さえつつ、言語ゲームやことばのポイントではなく、ポイント一般に対して明確な特徴づけを与えることとしよう（1節）。そのうえで、2章で論じたことばの使い方と、本章で主題的に扱うことばの表情とを、ことばの意味として統一的に解釈することを目指す（2節）。周知のとおりウィトゲンシュタインは『探究』の前半部において、ことばには、使い方とは別の意味があることを示唆している。そして多くの論者が、使い方とはべつの意味として「心理学の哲学──断片」において論じられた「表情」という概念に着目をしてきた。

しかしのちにみるように、こうした解釈は——全面的にではないにせよ——大きな誤りを含むものである。本章では、ポイント＝意味に関する一般的な特徴づけを踏まえ、どのような点において使い方と表情が、ひとしくことばの意味と呼ばれるに値するのかを論じることにする。そして以上の考察を踏まえ、ウィトゲンシュタインの哲学をポイントの哲学として総括することにする（3節）。

1　ポイントは差異を確保する

1章と2章で得られたポイントにかんする知見をはじめにふり返っておこう。まず1章でみた言語ゲームのポイントの場合であるが、この概念は競技チェスと儀式チェスといった、実質的に対立する言語ゲーム同士を比較する場面において要請されていた。このとき両者は、ルールを共有しているがポイントが異なるゲームとして了解される。そしてふたつのゲームの差異を収容する「ルールの序列化の仕方」こそが、言語ゲームのポイントとなった。同じルールにしたがっているように見えても、それぞれのルールに対する重みづけの仕方が異なることによって、競技チェスと儀式チェスは区別されたのである。

また2章でみたことばのポイントについても同様に、実質的に対立することば同士を区別するという文脈において要請されるものだと本書は主張してきた。使用の場面や使用ルールが合致しているときでも、なお異なりうるふたつのことばの違いを収容するための次元がことばのポイントである。そのことばがもつさまざまな使用がどのように序列化されるか、あるいは分類されるかによって、ことばは別の使用のポイントをもつ別のことばになるのである。

それでは言語ゲームのポイントでもなければことばのポイントでもない、ポイント一般についてはどのように考えればよいのだろうか。ルールの序列化の仕方と使用の序列化の仕方の両者に共通するものは何かと考えたとき、それぞれが何らかの意味においてものの見方に関わる点にまずは注意が向けられるだろう。ではポイントとはものの見方、アスペクトのことだと言ってよいのだろうか。確かにある意味ではそうである。しかし問題はどのような意味で、ポイントがアスペクトなのかということである。

1章の議論を思い出してほしい。アスペクトという概念は、典型的には「何も変わっていないにもかかわらずそれでもやはり何かがかわってしまった」というアスペクト転換を契機に、以前といまという通時的な比較における差異を収容するために要請されていた。しかしここで、アスペクトの双方を把握しているということは、アスペクト概念の使用にとって本質的なことではない。たとえば、同じものを見ているはずなのに、それの取り扱い方や態度が微妙に違うふたりがいるという場面でも、当事者同士で互いのアスペクトを問題にすることができる。相手がそれをどのように見ているかが分からないときでさえ、「自分たちは同じものを別の仕方で見ている」と正当に言うことができるのである。つまりアスペクトは、差異を確保することを、そしてそれだけを本質的な機能とする概念だということである。そしてどのように差異が確保されるかということは、アスペクト概念にとってまったく本質的なことではないのである。

この意味においてポイントはまさにアスペクトである。ポイントは、ゲーム同士の違いを確保するときにはルール同士の序列化の仕方に、ことばの使用同士の違いを確保するときには使い方になる。しかしルール同士の序列化の仕方も使い方も、それ自体がポイントであるわけではない。ポイントとは、何かと何かを比較したときにその違いを確保するために要請される概念であり、その違いが具体的にどのように確保されるかということは、どのような場面で、何と何を比較しているかに応じて異なりうるのである。

したがってポイント概念は、差異を直観しつつも、その差異がどのような差異であるかが未だ不分明な場面でもっぱら使用されるということになる。[1] 何かと何かの差異を認識するとき、ふつうわれわれは、単に違うということだけでなく、何が違うのかも同時に見てとっている。たとえば、黄色いピーマンと赤いピーマンの差異を認識するとき、われわれは、それらが単に違うということだけでなく、どのように違うか（色の違い）ということも同時に認識している。箱とラベルの比喩を使うならば、この差異の認識は、赤というラベルが貼られた箱に赤いピーマンを、黄色というラベルが貼られた箱に黄色いピーマンを入れる作業と比較しうる。それに対し、違うということだけが分かっているとき、われわれは、ふたつのものをとりあえず別の箱にいれておき、あとからそのケースにラベルをつけてやることになる。そしてこのラベルの貼られていない箱の役割をはたすのがポイントなのである。そしてこの箱には、区別の場面に応じて、あとから様々なラベルが貼られうる。しかしそのラベルのどれもが、箱そのものではない。日常的には起こりにくい、箱とラベルの分離（違いがあるということと、かくかくの違いであることの分離）が、箱そのもの（ポイント）とラベルとを混同させ、ポイント概念をつかみどころのないものにしていたのである。[2] アスペクトとポイントは、画像に対して適用されるか、それとも言語ゲームやことばの使用に対して適用されるのかといった大雑把な違いこそあるものの、本質的には同じ概念である。それらは、ある場面において生じた重要な差異を直観したときに、その差異を確保しておくために使われるのである。[3]

（1）あるいは「この議論にはきちんとポイントがある。つまり…」のように、どのような差異であるかを説明する前の「前置き（preliminary）」（BB 158／邦訳 252-3 頁）として使われる。

（2）したがって「ポイントとは何か」という問題設定はじっさいには、非常に危ういものであったことになる。じっさい1章で言語ゲームのポイントがルールの序列化の仕方であると解明されたとき、ポイントが何であるかが解明されたわけではなかったのだが（言語ゲームのポイントはルールの序列化の仕方であるが、ポイントはルールの序列化そのものではない）、筆者は「序列化の仕方」そのものがポイントであると考えてしまったことにより、長い期間、ことばのポイントが何であるのかをまったく捉えることができないでいた。しかし、何かをただ区別するために使用されるのがポイントであるという点を押さえることで「ポイントとは何か」というミスリーディングな問いを「…を区別する場合、ポイントは実質的には何になるか？」という無害な問いへと書き換えることが可能となる。

2　ことばには使い方とは別の意味がある

ポイントがもっぱら差異を確保するための概念であるという洞察を通じて、ウィトゲンシュタインの「意味」という概念の全面的な解明に着手することが可能となる。

まず意味の使用説の根拠としてしばしば引用される以下のリマークを見てみよう。

「意味」ということばは、それが用いられる多くの場合で――すべての場合ではないとしても――、ある語の意味とは言語におけるその使い方である、と説明できるだろう。(PI §43)

2章で見てきたように、ことばの使い方とは意味の説明のゲームの文脈で要請される、ことばの一方の使用と他方の使用を区別するための見方のことであった。しかし右の一節でウィトゲンシュタインは、ことばの意味がその使い方に尽きるわけではないことを示唆している。では使い方とは異なることばの「意味」とは何なのだろうか。そこで多くの論者は「心理学の哲学――断片」で主題的に論じられた、ことばの「表情」なるものに着目をしてきた (cf. 永井 1995 183頁; 古田 2018 71-6頁)。もしここで言われる使い方としては説明できない意味が、ことばの表情のことを指しているならば、意味に関するかれの議論には、意味＝使用と、意味＝表情というふたつの道筋があるということになるだろう。(4) しかし、使い方とは異なることばの意味を表情と見なし、この一節を「ことばには、使い方のほかに表情という意味もある」と解釈することは——完全な誤読とまでは言えないにせよ——非常にミスリーディングなものである。それはなぜだろうか。

意味がポイントであること、そして、ポイントが差異を確保するための概念であることにあらためて注意を払いたい。この点を念頭に置くならば、先のリマークによってウィトゲンシュタインが示唆しているのは、使い方とは別のかたちで確保されるような（確保されるべき）、ことば同士の違いがあるということである。つまりわれわれの生活の中には、**使い方とは別の仕方でことば同士を区別しなければならない文脈**が存在するのである。もちろんそうした文脈のなかには、表情の違い

（3）ところで、アリストテレス（前384-322）の「形相」概念もまた、アスペクトやポイントに連なる概念であるように思われる。周知のとおり、『自然学』においてアリストテレスは、自然の生成変化を、変化において交替する項A、Bと、変化において存続する項Cの三つの要素によって特徴づけていた（第1巻第7章）。そして、項Cを「質料」、相反する特性A、Bを「形相」と呼んでいる（中畑 2008 572頁）。このとき、「形相」概念は、変化前と変化後の違いを収容することが本質的であるように思われる。たとえば、無教養な人間が教養ある人間に変化したとき、その違いを「形相」というカテゴリーにおいて確保しておき、その実質として「教養のある」「教養のない」が与えられる。あるいは、青銅から彫像が生成したとき、その違いを「形相」というカテゴリーにおいて確保しておき、その実質として「形づくられていない」「形づくられた」が与えられる。生成変化のありように応じて、さまざまなものが形相になりうるが、そのどれもが形相そのものではないという点において、形相とアスペクトは類似しているように思われる。こうした類比性については、佐藤暁氏の指摘に多くを負っている。

（4）じっさい、『探究』第Ⅰ部と第Ⅱ部は、意味＝使用と、意味＝表情というウィトゲンシュタインのふたつの意味に関する議論として扱われてきた。

として確保されるようなものもあるだろう。だがそれは、ことば同士を区別するためのたかだかひとつのやり方に過ぎない。結局のところ使い方とは異なることばの意味とは、必ずしもことばの表情である必要はないのである。そして後に見るように、ことばは使い方や表情だけでなくその音声や表記によってもほかのことばから区別される。このことは、ことばがもつ音声や表記こそがまさにそのことばの意味であると言えるような文脈が確かに存在していることを示唆している。

　このように先の一節の解釈を修正することによって、従来の議論とは異なった問題設定の仕方にひらかれる。使い方以外の意味を表情に限定して議論を行おうとしたときには、たとえば「使用と表情とがどのように結びついているのか」、あるいは、「表情としての意味はことばにとってなぜ本質的なのか（あるいは本質的ではないのか）[5]」といったことが、解釈上の争点となっていた（cf. 野矢 1988, 2012; 古田 2018）。だが、ポイント＝意味という概念にとって違いを確保することこそが本質的であるという点に鑑みれば、まず問われるべきなのは（結びつきではなく）、「使い方とは別の仕方で、ことば同士を区別する必要があるのはどのような文脈においてか」「その文脈では、ことば同士は何に訴えることで区別されることになるのか」ということである。そして「表情としての意味がことばにとってなぜ本質的か」という問いもまた、「使い方とは別の仕方で違いが確保されるということが、ことばにとってなぜ本質的なのか」へと書き換える必要があるだろう。この問いは、次のように言い換えることができる。すなわち、**ことば同士の違いが使い方の違いとしてしか表れてこなくなるということが、果たして何を意味するのか**。以降では、ポイントの機能が差異の確保であるという点に依拠しつつ、ウィトゲンシュタインの「意味」に関する議論に統一的な視座を与えることにしよう。そして最終的に、ウィトゲンシュタインの哲学をポイントの哲学、差異の哲学として総括することにする。

2・1　ことばの表情を正しく問題にできる文脈

まず、ことばの表情に訴えることでことば同士の区別がなされるような文脈とはどのようなものかについて考えてみよう。たとえば、同じことばをひたすら書き続けてゲシュタルト崩壊を起こした場面などがそれに相当するだろう。ゲシュタルト崩壊が発生したとき、以前といまのこの文字を

（5）伝統的な言語哲学は、ことばの「表情」を——そうしたものの存在を認めるとしても——、ことばの意味にとって非本質的なものと見なし続けてきた。たとえばゴットロープ・フレーゲ（1848-1925）は、意味の要素として、指示（Bedeutung）、意義（Sinn）、陰影（Beleuchtung）（ないし色合い（Färbung））そして、力（Kraf）という四つの要素を区別している。しかし、前提が真のとき結論も必ず真となるような妥当な推論を特徴づけることが目的であったフレーゲにとっての関心はもっぱら前二者にあり、後二者は、指示や意義が何でないかを画定するために導入されたとさえ言えるような些末な位置付けを与えられているにすぎない（飯田 1987 124頁）。フレーゲに言わせれば、ことばがもつ表情は、記号に人がどのような「表象（Vorstellung）」を結びつけているかという「主観的」なものでしかないのであり（Frege 1892, p. 29）、それはせいぜいのところ「作詩法や雄弁術が意義に対して付加する」（p. 31）ものでしかないのである。そしてことばの表情としてウィトゲンシュタインが問題にしているものは、フレーゲの体系で言えば、この陰影に相当する。そしてこのように、些末な扱いを受け続けてきた「表情」のようなものを、ウィトゲンシュタインがなぜ問題にし続けたのかということが、解釈上の論点となってきた。

比較しつつわれわれは、「この文字から馴染みのある表情が失われてしまった」と言うことができる（cf. PPF §261; LWI §784）。あるいは同じ音声記号がある文に現れるときとべつの文に現れるときとを比較した場合にも、その表情を問題にできよう（cf. PPF §261; LWI §784）。たとえば「あそこにまつの木がある」と「いつもの場所でまつ」というふたつの文における「まつ」同士の違いは、使い方の違いではなく、表情の違いとして区別されるべきものだろう。同じようにひとつのことばを、たとえば「ゆで／たまご」と「ゆでた／まご」のように区切り方を変えて発音したときにも、その違いは、使い方ではなく表情の違いとして区別されるのが適切である。(6)

　このようにことばの「表情」とは、通時的比較（ゲシュタルト崩壊）や共時的比較（「まつ」「ゆでたまご」）を通じて、同じ音や表記であるにもかかわらず、何かが異なるというときのその差異を収容するために要請されている。そしてその表情の違いは、「馴染みのある／馴染みのない」、「松／待つ」、「ゆで卵／茹でた孫」のように、何らかの言語表現を通じて詳述される。問題になっていることば同士の区別のあり方こそ違うけれども、差異を確保するという意味では、使い方と並び表情もまた、ことばの意味＝ポイントと呼ばれるに値する。

　またことばだけでなく、文の表情を問題にできる文脈も存在する。ウィトゲンシュタインがしばしば用いる例は、物語作品中に現れる「こう言って彼は彼女を残して去った」（PG §5; AWL 115／邦訳269頁; PI §525; cf. 大谷 2010 7頁）という文である。これが作品の冒頭に置かれているとしよう。はじめにこの文を読んだとき、われわれはある意味では、確かにこの文の意味を理解できている。しかし、本を読み終わったときに「いま冒頭の文の意味をようやく理解した」と言いたくなることもあるだろう。たとえば、この文が作品の伏線になっているようなケースである。つまり、はじめに読んだときには「ある意味で私はこの文を理解しているが、ある意味では理解していない」（AWL 115／邦訳 269 頁）のである。この種の無理解は、ウィトゲンシュタインが述べるように、絵画における無理解に比しうるものである。キャンバス上に色斑を認めるにも関わらず、それが立体の表面を表していることが見てとれない。あるいはその立体としては見えているのに、既知の何ものかとして認知できない。この理解と無理解のあいだの違いを、絵画の表情やアスペクトとして問題にすることができるように、文についても、作品を通読する前と後との通時的比較において、同じ文が表情を異にしていると言うのは適切なことである。詩中のフレーズについても同様である。あるフレーズを単に読み散らしていたときと、作品全体の構造に照らして「そのように並んだそれらの言葉だけ」（PI §531）が表現できているものを掴んだときとを通時的に比較したとき、その文の表情というものをわれわれは自然なかたちで問題にできるのである。このように、全体との関係を見通せていなかったときと、見通せるようになったときとで、同じ文が全く異なるものになっていると言いたくなる。あるいは文脈に埋め込まれていたときと、切り離されたときとで、同じ文が全く異なるものになったと言いたくなる。そしてこうした場面で問題になる差異もまた、使い方の違いでは

（6）「まつ」と「ゆでたまご」の例は、野矢（2012）、288 頁から借用した。

なく、表情の違いとして回収されるべきものである。

2・2　表記や音声によってもことばは区別される

以上みたように、われわれの生活には、使い方とは別のかたちでことばや文同士を区別しなければならない文脈がたしかに存在している。このとき、ことばや文は使い方とは別に表情としての意味をもつことになる。

ところで、ここまで見てきた例と同じようにして、次のような仕方で表情概念を適用することは果たして可能だろうか。

X：「素晴らしい」には「herrlich（ドイツ語で素晴らしいの意）」とは違った（で置き換えることのできない）それ特有の表情がある。(7)

これが前節のケースと一見して異なるのは、「素晴らしい」と「herrlich」のあいだで何が共有されているのかが自明でないということである。さきのケースの場合、表記上や音声上の記号の同一性が、以前といま、あるいはあちらとこちらとの比較を可能にしていた。しかしXのケースにおいて、比較されている「素晴らしい」と「herrlich」はそもそも違う音、違う表記をもっている。したがって、「「素晴らしい」は「herrlich」とは違った特有の仕方で私に印象を与えるのだ」と言われたところで、「もちろん違う仕方で印象を与えるはずだ。なんといっても、違うことばなのだから」（cf. BB159／邦訳254頁）というのが常識的な反応だろう。

　これに対し両者は使い方が同じなのだと言われるかもしれない。つまり、「使い方を共有しているが、何かが異なる」という区別を行うために、表情概念が持ち出されているというわけである。(8) しかしそれで問題が片付くというわけではない。というのも、単に違いがあるというだけでなく、それが、どんな違いであるかを、言語を使って「詳述（specification）」したり、「描写（description）」したりできる可能性に開かれていないかぎり、表情の違いは、使い方の違いと区別できたことにはならないからである（BB 158／邦訳252頁）。そして使い方の違いとは独立に、表情の違いを同定するためには、それぞれの表情を、別のなんらかの（言語）表現で置き換えることができるのでなければならない。それができないのであれば、「両者は表情が異なる」と言ったときにじっさいに言

（7）この例は古田（2018）から借用している。

（8）ウィトゲンシュタインは「赤い」と「二つ」が浮かんでくる特有の仕方を比較可能なものとするために、両者の語の意味を交換するという提案を検討している。つまり、眼がいくつあるのかと聞かれたとき「赤い」と答えたり、「血は何色か」と聞かれたときに「二つ」と答えたりするということである。このとき、日常言語において「血は赤い」と言われたときの「赤い」と、置き換えられた言語において「血はふたつ」と言われたときの「二つ」は、「意味を共有しているが、浮かぶ仕方は異なる」というように比較可能なかたちにひとまずは整えることができる。しかし、問題は「この浮かぶ仕方」というものを、使い方、意味の違いとは独立に同定できるのかということである（BB 159／邦訳255頁）。そしてこれに対するウィトゲンシュタインの見解はネガティブなものである。

えているのは、「両者は異なる使い方をされている」ということだけである。

ウィトゲンシュタインは、「独特な（peculiar）」や「特別な（particular）」といったことばについて、何かを何かに対置し比較するために使用される「他動詞的（transitive）」使用と、そういった比較を行う用意がないときの「自動詞的（intransitive）」使用とを区別している[9]（BB 158／邦訳 252 頁）。そして後者の使用をミスリーディングなものと見なしている[10]。たとえば「この石鹸は独特の香りがする」と言ったとき、独特な匂いがないことに対比させて使用されることもあれば、あの匂いと対比させて使用されることもある（他動詞的使用）。しかし、そうした区別を行う用意なくこの発言をするならば、その人は、その石鹸の匂いをただ「強調（emphasis）」（BB 158／邦訳 252 頁）しているだけで、それによってたとえば、聞き手に注意をうながしているのである（自動詞的使用）。この区別にしたがうならば、「特有な表情」という表現は、前節で見たケースにおいては他動詞的に、Xのケースでは自動詞的に使用されていることになるだろう（cf. BB 162-5／邦訳 259-64 頁）。したがってXのようなかたちでことばの表情を問題にすることは――非常に特殊な使い方を採用するのでないかぎり――できない。少なくともウィトゲンシュタインはそのように考えていた。この点を以下の記述から確認しておこう。

「しかし私の意味したのは、「素晴らしい」は「herrlich」とは異なった仕方で浮かぶということではなかったろうか。」――それを意味するとしてもいいが、「違った仕方で浮かぶ」という言い方がまた混乱のもとになりがちなのだ。私が「スミスとジョーンズは私の部屋に違う仕方で入ってくる」、と言うとする。それに続けて「スミスはさっと入るが、ジョーンズはゆっくり入ってくる」、と言う場合はその違いを具体的に述べているのである。あるいは、「どう違うかははっきりしないんだが」と言って暗に私がその違いを具体的にしようとつとめていることをほのめかす、そして多分しばらくして「ああどんな違いかわかったよ。……だ」、と言う場合もあろう。――それに対して、私が君に〔ただ〕その二人は違う仕方で入ってきたと言う〔だけで

（9）杉田（2017）は、従来「他動詞的／自動詞的」と訳出されてきたこの区別が「別の記述に移行することで「独特な」の内実が説明されうる」（第6章注21）か否かの区別であるというニュアンスを活かし「移行的／非移行的」という訳語を充てている。杉田の提案はもっともなものである。しかし筆者としては、この区別がとりわけ「意味」概念に適用されたとき、「XがYを意味する」と「Xに意味がある」という形式上の違いとして捉えられること、そして両者の「意味」概念の違いが「それは何を意味するか?」と問うことが適切であるか否かの違いとして顕れてくることを強調するため、従来どおりの訳語を用いている。この点については付録Aも参照。

（10）自動詞的使用についてウィトゲンシュタインは、「比較対照を指していないにもかかわらず、どうしてもそうしているようにしているようにみえる」（BB 162／邦訳 259頁）、あるいは、比較対照をしていないのに「あたかも対象とその対象自身の比較対照をしているのであるかのよう」（BB 160／邦訳 255頁）であると述べている（対象とその対象自身の比較対照のことは「反射的比較（reflexive comparison）」（BB 160／邦訳 255頁）とも呼ばれている）。そして何かを強調するための自動詞的使用は、その表現を「まっすぐにする（straightened out）」（BB 161／邦訳 257頁）ことで、無害な表現にすることができると言う。かれが挙げている例は、英語表現の「That's that.」というものである。これは、対象とその対象自身との比較という見かけ上の表現形式をもっているが、それは「これでおしまい」と言い換えることができるとウィトゲンシュタインは記している。

は〕君はどうとっていいやらわからず、「もちろん違う仕方で入ってきたろうさ。違う人間なのだから」」、と恐らく言うだろう。——ここで問題なのは、われわれがある経験に名前をつけることができるかのように感じながら同時にその名前の使い方には立ち入らない、というよりは事実それを使うつもりが全然ないことだ、と言えよう。[11]（BB 159／邦訳 254 頁）

ともするとわれわれは、表記や音声がそもそも異なることば同士を並べて、それぞれが「異なる表情を持っている」という言い方をしたくなってしまう。しかしながら「素晴らしい」と「herrlich」は、異なる音声や表記をもっていることの結果として、固有の異なる意味（たとえば表情）をもつことになるのでは決してない。というのも、このように言えるためには、表情と音声や表記が外的関係に立っている必要があるからである。つまり、「herrlich」が「herrlich」に特有とされる表情をもつだけでなく、たとえば「素晴らしい」や「wonderful」と同じ表情をもつという可能性が認められるとき、音声や表記とはべつに表情という概念を設ける必要性がはじめて出てくるのである。しかしXのように言いたくなるとき、ひとはまさにこのような可能性を認めることを拒否している。なぜなら、Xによってひとが言いたいのは、「素晴らしい」には「素晴らしい」だけに特有の表情が、「herrlich」には「herrlich」だけに特有の表情があるということだからである。

Xのように言いたくなる誘惑を断つためには、このことば遣いにおいて、音声や表記の違いと、表情の違いとが切り離し不可能であるということ、つまり、音声や表記と表情とのあいだの関係が内的であると認めることである。そして、両者が異なる音声や表記をもっているということの結果として、両者が異なる表情をもつのではなく、**両者が異なる音声や表記をもっているということそれ自体が、両者が異なる意味（表情）を持っていることそのものである**ということを認めることである。じっさいのところ、Xによってわれわれが言いたくなっていることはすべて、「「素晴らしい」と「herrlich」は、異なる音声や表記をもっている」で、言い尽くされてしまっているのである[12]。

2・3　もうひとつの意味の説明のゲーム

以上見てみたように、われわれの生活のうちには使い方のほかに、表情、そして音や表記がそのことばの意味であると言えるような文脈が存在する。ところで、前章で述べたとおり「意味」は、意味の説明のゲームでもっぱら使用される概念なのであった。だとすれば、前章でみた使い方を与える意味の説明のゲーム（2章2・3）とは別に、表情や音・表記としての意味を与えるようなタイ

---

(11) 原文では「素晴らしい」と「herrlich」ではなく、「赤い」と「二つ」ということばが用いられている。

(12) このように表情という概念は、ことばがもつほかのことばにはない何かを問題とする場面で適用しようとしたときには、どうしても空転をしてしまう。しかし、表情概念を適用することがたとえ不適切だったとしても、Xのように言いたくなるわれわれの傾向性、つまりことばには、ほかのことばにはない置き換え不可能な側面があると言いたくなる傾向性のうちには、「ことば」の本性に関する重要な洞察が含まれている。この点については、2・4を参照。

プの意味の説明のゲームが存在することになる。以下では、前者のタイプの意味の説明のゲームを「ゲームA」、後者の意味の説明のゲームを「ゲームB」としたうえで、ゲームBの性格を明らかにすることにしよう。

はじめにゲームAの特徴をいまいちどふり返っておきたい。ゲームAとは、ことばの使用同士の「誤解」を契機に、その解消を目指してプレイされるものであった。そしてことばの使用同士を区別する視点を与えるための典型的な手段とは、問題となっていることばをべつのことばで置き換えるというものであった（「ist」を「=」や「ε」で置き換えるといったように）。そして、それによってもたらされる理解とは、ことばの使用同士の違い（「Die Rose ist rot.」と「Zwei mal zwei ist vier.」における「ist」の違い）の理解であった。このゲームAの構造とパラレルに、ゲームBもまた、それを起動させる特有の「誤解」と、その誤解を解消するための特有の手段と、それによってもたらされる特有の「理解」によってその内実が規定されるはずである。ここではウィトゲンシュタインが、理解という概念をふたつのタイプに分けている以下のリマークを足掛かりにしよう。

我々は、ふたつの意味で「文の理解」について語る。第一の意味で文を理解すると言う場合には、その文の、同じことを述べている別の文による置き換えがありうる。しかしもう一つの意味で理解すると言う場合、こうした置き換えはありえない。（音楽の主題の別の主題による置き換えがありえないように。）第一の場合、その文が表す思考とは、様々な文に共通のもので

あり、第二の場合、それはそのように並んだそれらの言葉だけが表現する何かである。(詩の理解)

そうすると、ここで「理解」という言葉は二つの意味を持っているのか?——むしろ私は、「理解」という言葉のこうした様々の使い方が、その意味を、私の「理解」の概念を作っているのだと言いたい。なぜなら私は、「理解」という言葉を、これらすべての場合に適用したいからだ。

だがその第二の場合、どのようにして表現を説明し、理解を伝えるのか? どのようにして誰かをある詩や音楽のある主題の理解へと導くのか、自らに問うてみたまえ。それに対する答えが、こうした場合どのように我々が意味を説明するのかを述べている。(EI §§531-3)

ここでウィトゲンシュタインは、意味の説明の方法に即して、ふたつの理解の概念を区別している。それは大雑把に言えば、置き換えという方法によってもたらされる理解とそうした方法によらない理解であり、われわれがいま明らかにしようとしているのは後者である。ではこの種の理解をもたらすような意味の説明のゲームとはどのようなものになるだろうか。

ヒントとなるのは、ここでウィトゲンシュタインが音楽の主題を例に挙げているという点である。では音楽の主題の場合、意味の説明のゲームはどのようにプレイされるだろうか。ウィトゲンシュタイン自身は、J・ブラームス（1833-1897）とJ・ヨアヒム（1831-1907）[13]のあいだでなされた次のようなやりとりを例に挙げている（M 350）。あるときヨアヒムは、交響曲第4番（Sinfonie Nr. 4 in e-Moll op. 98）について、第一小節をいきなり主題で始めるのではなく、その直前にふたつの和音を挿入することをブラームスに提案した。しかしブラームスはこの提案を拒絶したとされている（Brahms 2000, pp. 133-4, 161）。この拒否は、冒頭の第一主題をブラームスと同じような仕方で聴くことができていないというヨアヒムのある種の誤解（ないし無理解）の可能性を示している。[14]このとき、その主題の意味を（自分が理解しているとおりに）ヨアヒムに理解させるためには、ブラームスはその主題の意味を、意味の説明のゲームを通じて示す必要がある。しかしここでブラームスが指すことになるのは、「ist」事例におけるような、「ここでこの主題は、あの主題と置き換えられる」といった指し手ではなく、むしろ「これらの小節は、導入部として聞くといい」、「この調として聞いてごらん」、「旋律をこのように区切ってみて」（cf. PPF §178）といった指し手である。つまり、この意味の説明のゲームにおいて用いられる手段とは、その主題が、ほかのパートとどのように関係しており、作品全体に対してどのように寄与しているかを見てとらせるようなものなのである。それに

（13）ハンガリー出身の一九世紀を代表する大ヴァイオリニスト。一八五三年にハノーファーで知り合って以降、ブラームスとは生涯を通じての長い交友関係をもつ。ブラームスの『ヴァイオリン協奏曲』（Violinkonzert in D-Dur op. 77）の初演ヴァイオリニストでもある。

（14）じつはウィトゲンシュタインによるこのエピソードの紹介の仕方は、ヨアヒムに対してフェアなものにはなってい

ない。まずヨアヒムはブラームスに対して二回、スコアの改稿を提案している。いずれも主題（モチーフ）を1小節目に置くことを避け、主題の前に導入部を置くという提案だが、ここで言及されている2小節の導入部を置く提案は、二回目のものにあたる。そしてブラームスは双方の提案を拒否している。ところで、一回目の提案（4小節の導入部）と、二回目の提案（2小節の導入部）では、編成がTutti（全楽器）からティンパニ・トランペット・ホルンへ、音の大きさがf（フォルテ）始まりからppp（ピアノピアニッシモ）始まりへ、というように編成や強さに変更があるものの、全音符という特徴を持たせつつ管楽器を響かせる（一回目の提案では管楽器が全音符になり、弦楽器はピチカート指定により その響きを下支えし、二回目の提案では、pppにするために最低限の楽器に絞ろうと方針を変えた結果、トランペットとホルンで音を保持しつつ、それらを下支えするものとしてティンパニが採用されている）という点が共通している。つまり変更点こそあるものの、このふたつの提案は単なる気まぐれなどではなく、作品全体の深い理解に基づき、重要な意図をもってなされたということが推察される。この点に関してハルは、一回目の提案（4小節の導入部）が「楽章の最後のカデンツや、246—258小節の再現部の転調における、持続和音と密接な関係がある」（Brahms 2000, p. 134）と指摘している。まず246—258小節を見てみると、管楽器がメロディを歌い、それらが持続音（長い音で構成されている）であり、はっきりとした響きが感じ取れるという特徴が挙げられ、これらは提案された導入部の特徴とたしかに合致している。またこの作品を音楽研究者の知人に聴いてもらったところ、ここでいきなり主題が元の何倍も長い音価を携えて帰ってきたときは、その荘厳さに鳥肌が立ったと同時に、その登場の仕方が新鮮なあまり、当時の人びとにとってはセンセーショナルに、悪くいえば「突拍子なく」聞こえた可能性があるというコメントをもらった。そうだとすると、この246小節からの主題の登場の仕方が価値あるものだと認識しつつリスキーだとも感じたヨアヒムは、ブラームスの仕掛けた素晴らしい実験的なこの箇所が単に悪目立ちしないように、主題の応用という以外の特徴ないし他の箇所との関連性を持たせようとして、導入部の挿入を提案したという可能性がある。また最後のカデンツ（439—440小節）の部分は最後の小節へと行く際、e mollの四度から一度にアーメン終止しているが、この進行もたしかに初期の提案の和音進行と同じ進行をしている。以上に鑑みた場合、たとえブラームスの側からはヨアヒムの提案が無理解に映ったとしても、ヨアヒムの提案には正当化されるべき理由がきちんと存在していたのであり、ひょっとするとかれがブラームスよりも深くこの曲と主題を理解していた可能性すらあるのである。しかし、本文では議論のためにこうしたエピソードの詳細を捨象し、ヨアヒムが主題の無理解を示したケースとして利用している。

よってブラームスは「あれではなく、まさにこのフレーズであることの理由」（M 350）を提示することになる。そしてこのような手段によってもたらされるものこそが、音楽の主題に関する理解になるのである。[15] 以上をまとめると、こうした意味の説明のゲームは、（ヨアヒムの改稿の提案によって示唆されたような）「無理解」を契機に、あれではなくまさにこの主題であることの理由（つまりは、この主題とあの主題の、非常に重要な意味での違いの理解）を、全体の構造を示すという手段を通じてもたらすものだということになる。

そしてことば（文）の表情や表記・音としての意味が問題となるゲームBもまた、このような仕方でプレイされるものである。たとえば詩を朗読する場面で、ある単語の分節の仕方がおかしかったり、（文の語順の入れ替えやべつのことばへの置き換えのような）的外れな修正を行ったりしたとき、その人の詩に対する無理解が露呈する。このときわれわれは、その作品全体の構造を示す様々な手段に訴えることで、その無理解を解消しようと試みるだろう。たとえば、「べつのここの部分との対応が意識されているから、ここはこういう節で読まれるべきだよ」とか「ここの部分との対比でこのことばが選ばれているのだよ」といった具合である。小説の冒頭の文の解釈についても同様である。冒頭の文が、ストーリー全体のなかでどのような伏線になっているかが分かっていない人にたいしてわれわれが行うのは、後半部の特定の箇所とその文とがどのように関係し合っているかを示す作業である。

ゲームAにおいてもたらされるものは、ことばのふたつの使用同士の違いの理解であり、そこで違うとされているもの、つまり使い方がことばの意味として与えられることになった。ゲームBにおいても、もたらされるのは、あることばとべつのことば（あるいは、あのことばとこのことば、ことばがかくかくに並べられた文としかじかに並べられた文、あるいはこの位置に置かれたことばとあの位置に置かれたことば（文）（文））の違いの理解であるという点は同様である。しかしここで違うとされるのは、使い方ではなく表情や、音・表記である。そしてゲームBにおいては、表情や音・表記がことばの意味として与えられることになるのである。

2・4　使い方とは別の仕方でことば同士が区別されることの意義

ことばの意味の説明のゲームには、ゲームAのように置き換えという手段によるものだけでなく、ゲームBのように置き換えという手段によらないものも存在し、それによってことば同士は、使い方だけでなく表情や音・表記の違いとしても区別される。これは要するに、**使い方がことばの同一性の唯一の規準ではない**ということである。だが、表情や音・表記によってことば同士が区別されるということはそもそもどのような意義をもつのだろうか。ここで問われているのは、使い方としてしか区別されないものが、そもそも「ことば」と呼ばれるに値するものかどうかということであ

（15）音楽の主題と同様、絵画の線描においても、これと同じ意味の説明のゲームがなされうる。たとえば、AWL 114-5／邦訳 269 頁や PI §526 を見よ。

る。

ウィトゲンシュタインは、べつの箇所で、ゲームAでもたらされる理解とゲームBでもたらされる理解の違いを自動詞的・他動詞的として区別している。[16] そして自動詞的理解の例として、さきにみたように音楽の主題を挙げている一方で、他動詞的な理解の例として記号の理解を挙げている。たしかに論理学や数学における記号は、置き換えという指し手によってしかその意味を相手に説明することができないものであるように思われる。たとえば、シェファーの棒記号（sheffer stroke）「|」（nand）（論理学における結合子のひとつ。否定論理積。）の意味を相手に説明するという作業は、たとえば「A|B」を「¬(A∧B)」（¬は否定の記号）に置き換えることでなされる。しかし音楽の主題のように、ゲーム全体の構造に訴えることでその記号の働き方を示すという作業は、記号の意味の説明においては居場所をもたない。つまり置き換えによって与えられるもの、つまり使い方だけが記号の意味であり、記号の同一性の規準だということである。[17] したがって、否定記号「¬」の表記を「~」のように変えたとしても、それによってわれわれが使っていた否定記号がべつの記号になるということはない。記号同士の違いは、たとえば「¬¬A→A」から「¬¬A→¬A」のように、置き換え可能な表現の違いとしてしか表れてこないのである。ウィトゲンシュタインの言う「ある言葉を勝手に考案した新しい語で置き換えても何の問題も生じない」（PI §530）魂のない言語とは、こうした他動詞的理解しか成立しない、記号言語である。そして音声や表記が本質的な役割を果たさないということが、記号の記号たるゆえんなのである。もしわれわれの生活のなかから、物語や

詩をはじめとして、ことばをその表記や音声で区別する文脈が失われる（ことばにおけるゲームBの喪失）ならば、ことばはこうした意味での記号へと潰れてしまうことになるだろう。他方で、使い方によってことばを区別する文脈が失われる（ことばにおけるゲームAの喪失）ならば、ことばは、ただの音へと潰れてしまうことになる。使い方だけでなく音声や表記としても区別されるもの、つまり記号でもあり音でもあるようなもの、それこそがわれわれの「ことば」なのである。

2・5 生命を欠いた記号と生命をもったことば

記号とことばの違いについて考えるとき、われわれは、記号が原初的でそれに何かが付け加わることでことばになるという描像に基づき、「記号に何が加わるとことばになるのか」という問いを

(16) 自動詞的理解と他動詞的理解の詳細については、付録Aを参照。自動詞的理解やそれと相関する自動詞的意味に対するウィトゲンシュタインの態度は、さきにみた「独特な」の自動詞的使用に対するようにはじめは冷ややかな、あるいはアンヴィバレントなものであった（cf. Pichler 2018）。しかし後期にかけてその意義が徐々に見直されるようになっていく。自動詞的理解に対する冷ややかな態度についてはたとえば以下を参照。「というのも、もし「意味をもつ」が言わば自動詞的に使用され、その結果、ある命題の意味を別の命題の意味から識別できなくなるとしたら、意味を持つとは、命題の使用に付随する過程であることになる。だがこの過程にわれわれは関心をもっていない」（BT 9）。

(17) したがって、ことばのときとは異なり「同じ記号だが使い方が異なる」という言い回しは、できないことになる。『論考』の用語を用いれば、この事態は「記号」と「シンボル」とのあいだにギャップが存在しない（cf. Pichler 2018, p. 46）と言い換えることができる。

立てる傾向にある。そしてこの問いに対して「魂」や「表情」あるいは「生命」等々の曖昧な概念を持ち出して応答しようとしがちである（cf. PG §§32, 65, 124; RPPI §§323, 888）。これに対しウィトゲンシュタインは、記号とことばの違いを、使い方のみで区別されるものと使い方のほかに音や表記によっても区別されるものという対比によって特徴づけようとしている。しかしこの対比のさせ方を次のように理解してしまうならば、かれの議論のユニークさを取り逃がすことになってしまう。つまり、使い方として区別されるということが、記号にとってもことばにとっても本質的なことであり、音や表記でも区別されるということばの側面は、ある種の余剰であり非本質的なことであるという理解である。このように解釈するならば、ことばというものも本質的にはやはり記号であり、音や表記で区別されなければならない詩や物語、冗談のような（それ自体どのような意義をもつかが不分明な）特殊な文脈があることによってのみ、ことばは記号から区別されるということになる。そうなると、伝統的な言語哲学においては軽視されてきた音や表記の側面に例外的に関心を寄せていたウィトゲンシュタインもまた、記号をことばよりもプリミティブなものだとする伝統的な描像の域を結局は出なかったことになる。

しかしじっさいにかれの議論は、全く逆のベクトルを向いている。この対比によって見えてくるのはむしろ、ことばこそが原初的で、そこからのある種の抽象の結果として初めて可能になるのが記号であるという、伝統的な描像とは正反対の事態である。より具体的にいえば、記号とは、全体的状況のなかから特定の言語ゲームを孤立させることによって、つまりそのことばの使用を孤立させることによってはじめて成立するような何かだとウィトゲンシュタインは考えるのである。そしてこの全体的状況において、音や表記の側面がことばにとって本質的な働きをすることになる。『探究』においてウィトゲンシュタインは、生命を欠いた記号と生命をもったことばを対比させたうえで、次のように問うていた。

> どの記号もそれだけでは死んでいるように見える。何がそれに生命を与えるのか。——使用においてそれは生きている。使用の中でそれは生命の息吹を取り入れるのか。——あるいは、使用がその息吹なのか。(PI §432)

ここでウィトゲンシュタインは、記号に生命を与えるものは何かという問いに、使用と答えている。[18] しかしもちろん単に使用が与えられるだけでは、記号はことばにはならない。というのも記号

(18) ここで「記号」ということばの使い方に少し注意を払う必要がある。「記号」ということで表されるものは、どのような対比が問題になっているかで異なってくる。このリマークのように、死んだ記号と生きた記号という対比が問題になるときには、「記号」は単なる音声やインクのしみを意味し、その対立点は使用の有無ということになる。それに対し、生きた記号と(生きた)ことばというかたちで対比されたときには、「記号」は使い方でのみ区別されるものを意味し、その対立点は、ことばに特有の使用の有無となる。そしてことばや記号について語られるときの「魂」や「生命」にも、死んだ記号に吹き込まれるようなもの(使用一般)と、現に使用されている生きた記号を、ことばにするようなもの(ことばに特有の使用)が考えられるということになる。

には記号で、それなりの使用があるだろうからだ。確かに、たんなるインクのしみや単なる音声が生命の息吹を取り入れるためには、それが使用される必要があるだろう。だが単に使用されるというだけでは、それはあくまで記号の使用であり、ことばの使用にはならないとウィトゲンシュタインは考える。ではどのような使用が与えられれば記号の使用は、まさにことばの使用になるのか。たとえば、『探究』第二節における建築家と弟子のゲームを考えてみよう。建築家が材料の名を叫び、弟子がそれを運んでくるというシンプルなゲームである。このゲームをウィトゲンシュタインは、完全で原初的なものとして、つまり、かれらにとっての唯一の言語実践のとして導入している。しかし、ここで使用される「ブロック」や「円柱」、「板」等々には、「ことば」と呼ぶことをいささか躊躇わせるものがある（cf. 野矢 2012 269-72頁）。じっさい、のちにウィトゲンシュタインは、この言語ゲームがそもそも言語の名に値するものなのかを問い直している。

第二節の言語ゲームについて、ここで多少述べておかねばならない。——いかなる状況の下で建築家の音声等々は実際に一つの言語と呼ばれるのであろうか。あらゆる状況においてだろうか。断じてそうではない！——それでは、言語の萌芽形態を孤立させ、それを言語と呼ぶことは誤っていたのか。あるいは、この萌芽形態はわれわれがいつも自分たちの言語と呼んでいる全体的状況の中でのみ言語ゲームである、と言うべきなのか？（RPPII §203）

ここで筆者もウィトゲンシュタインや野矢茂樹に倣って、『探究』のときのウィトゲンシュタインはやはり「誤っていた」と言おう（cf. 野矢 2012, p. 272）。ではかれらのやりとりを言語実践ではなく、単なる記号の操作にしてしまっているものは何なのだろうか。あるいは、ここで使用される「ブロック」や「円柱」、「板」を、ことばではなく記号にしてしまっているものは何なのだろうか。重要となるのが、これがかれらにとっての唯一の言語であるという想定である。というのも、もしこの状況以外に使用の場面が存在しないとしたならば、「ブロック」や「円柱」、「板」等の意味は、その使い方としてしか規定されないということになるからである。そのため「ブロック」の呼び方を「クロッブ」に変えたり、表記法を「burokku」に変えたりしたところで、何の問題も生じることはない。「ブロック」と「クロッブ」や「burokku」は全面的に置き換え可能なのである。あるいは、建築家が気まぐれに「今日から「ブロック」のかわりに「円柱」と言い、「板」のかわりに「ブロック」と言うことにしよう」と提案したところで――たとえ慣れるまでに少々時間を要したとしても――やはり何の問題も生じない（cf. PI §530）。「今日からは「ブロック」が、昨日「円柱」が使われていたところのその仕方で使われ、そして「ブロック」は、今日からは他の仕方で使われる」（PG §22）というだけの話である。このように、音や表記の違いが全く本質的な役割を果たすことがないという意味で、この孤立状況で使用される「ブロック」は、未だ記号なのである。

したがって「ブロック」の使用がまさにことばの使用となるためには、少なくとも、右の状況とは異なる使用の場面に開かれている必要がある。しかしただ外部に別の言語ゲームがあればよいというわけではない。たとえばこのゲームのほかに、建築家が叫んだ材料を加工する道具を弟子が運ぶというゲームがかれらの生活に用意されているとしよう。たとえば「ブロック」と言われたら弟子はカットチゼルを、「円柱」と言われたらドリルをもってくるという具合である。しかし、ここでもし使い方だけがかれらが使用する「ブロック」の同一性の規準だとしたらどうなるだろうか。ふたつのゲームで使用される「ブロック」は使い方が異なるのだから、とうぜん、双方のゲームでまったく別のことばが使われていることになるだろう。だとすれば事態はいささかも変わっておらず、孤立したゲームがただふたつあるに過ぎないということになる。喩えるなら、お互いの行き来のない孤島が海にふたつ浮かんでいるような状態になってしまうのである。したがって、外部に単にほかのゲームがあるというだけでは、もとの言語ゲームの孤立は解消されることがない。ではふたつのゲームがひとつの全体を作るためには、何が必要なのだろうか。それは、両者で使われていることばがまさに同じものであるということである。この同じさがあればこそ、同じことばが別の使われ方をしているふたつのゲームというかたちで、両者のあいだの溝が架橋され、ひとつの全体を形づくることができるようになる。そしてその同じさを確保するために、必要となるのがことばの音や表記における同一性なのである[19]。つまり、「使い方だけでなく、音や表記もまた同一性の規準になるものがことばである」というウィトゲンシュタインの先の特徴づけは、「複数のゲームにまたがって様々な仕方で使用されるものこそがことばである」ということの別の表現なのである[20]。同様に、「使い方だけが同一性の規準であるのが記号」であるという特徴づけもまた、「孤立したゲームにおいてひと通りの使われ方しかしないものこそが記号である」ということの別の表現と解釈される。

ここまでわれわれは、『探究』2節の孤立した言語ゲームを出発地点に据えて、そこで使用される記号はどうなったらことばになれるのかという方向性で議論を進めてきた。しかしじっさいにはこうした孤立した言語ゲームは、われわれが置かれている全体的状況からの抽象の結果であり、人為的に作られた一種の理想状態に過ぎない。言語という全体的状況こそが所与なのである。したがって、真に問われるべきなのは「記号はどうしたらことばになれるのか」ではなくむしろ「こと

(19)「同じことばが異なる使い方をされている」という2章の構図とは対照的に、ここでは「異なる使い方をしているのになお同じことばである」という構図が成立している。
(20) ここで「様々な仕方で使用される」というのは、必ずしも現実にそのように使用されていることを要求するものではない。別の仕方で使用されうる異なるゲームが想像可能ならば、それで十分である。ここで詩や冗談の意義というものが見えてこよう。詩や冗談は、ことばが日常的な使用とは別の仕方で使用されている、最も分かりやすいシーンである。あることばが詩や冗談・ダジャレで使用される場面を想像できるということは、日常的なゲームにおける使用とは異なる使用の場面を少なくともひとつ確保できるということを意味する。つまり、詩や冗談のなかで使用される状況を思い描けるものであれば、何でもことばになれるのである。(逆にシェファーの棒記号や否定記号を使ってダジャレや詩を作ることはできそうもない。) しかし逆にいえば、詩や冗談のようなゲームで使用されるということは、ことばにとってさほど本質的なことではないとも言えるだろう。重要なのは、複数のゲームのなかで別様に使用されるということなのであり、詩や冗談は「別様に使用」される極端な例ではあるが、それらによって複数の使用が確保される必要は必ずしもないのである。

ばはどうしたら記号になってしまうのか」である。

この点に関して注目したいのが2章で見た、使い方に関する意味の説明のゲーム（および置き換えという操作）である。というのもこのゲームは、全体的状況のなかから特定の言語ゲームを孤立させるという手順を踏んでいるからである。たとえば「ist」の意味を、「＝」に置き換えることで説明するとき、プレイヤーは、その「ist」が使用される文「Zwei mal zwei ist vier.（2掛ける2は4である）」とそれが使用される言語ゲームを全体的状況のなかから暗黙のうちに切り出してきている。そしてこの孤立を文字通り受け入れるならば、「ist」は「＝」で全面的に置き換え可能になる。このとき、（『探究』2節の孤立した言語ゲームにおける「ブロック」のように）「イスト」という音も、「ist」という表記も、このことばにとってはなんら本質的な役割をもたないことになるだろう。[21] こうした孤立状況において、その「ist」はもっぱら使い方によってのみほかの語から区別されるのであり、この意味において、ここでの「ist」はまさに記号である。

しかしこうした孤立状況は、人為的に作り出された虚構である。というのも、そもそも意味の説明のゲームとは、同じことばの異なる使用（「ist」のふたつの使用）を取り違えるという誤解を契機とするものだったからである。つまり、言語ゲームを孤立させる作業とは、同じことばの異なる使用および、そうした使用を含む異なるゲーム（「Die Rose ist rot.」と「Zwei mal zwei ist vier.」を使用するゲーム）の存在をつねに前提としているのである。したがって同じことばが様々な仕方で使用される全体的状況のなかから、ひとつの言語ゲームを切り出してくることで置き換えという操作ははじめて成立することになる。ある言語ゲームにおいては「ist」が「＝」に置き換え可能だとしても、それとは別様な使用を前提にこのゲームがスタートしている以上、それはつねに部分的な置き換え可能性でしかないのである。そしてこの部分的な置き換え可能性と全面的な置き換え可能性の対比が、全体的状況による取り巻かれと孤立、ことばと記号という対比に重なることになる。

このように「同じことばが異なった使い方をされる」という全体的状況に照らしたとき、音や表記はことばにとってふたつの点で本質的な役割を果たすことになる。ひとつめは「異なった使い方をされる」という点にかかわる。ゲームAにおいて「ist」と「＝」が置き換え可能だとしても、そうした置き換えが出来ない（つまり別の使い方がなされる）ゲームBが存在することによって、「ist」と「＝」はなお区別しておくことが求められる。しかしその区別は使い方によってなされるわけにはいかない。両者は使い方が同じだからである。したがってその区別は、「イスト」と「イコール」という音や表記によってなされるのである。ふたつめは「同じことば」という点にかかわる。「ist」

(21) ことばにとって音や表記がなんら本質的な役割を果たさないことはしばしば、チェスの駒にとって駒の材質や形状がなんら本質的な役割を果たさないことになぞらえられる。しかしこのアナロジーを成立させているのは、言語ゲームとチェスゲームが、全体的状況から孤立させることが可能であるという前提である。たしかにチェスゲームの場合には、キングの駒がチェスゲームの外部で使用されるという状況が存在しないため、全体的状況から切り離すことが比較的容易である。しかしことばの場合には、たったひとつの言語ゲームでしか使用されないという状況を想定することは困難である。この点において、チェスの駒とことばのアナロジーは崩れる。キングの駒にとって駒の材質や形状は非本質的かもしれないが、ことばにとって音や表記は本質的なことがらなのである。

がゲームAにおいて「=」に、ゲームBにおいて「ε」に置き換えられるとき、この事態が「同じことばが異なった使い方をされる」ものとして了解されるためには、ゲームAとゲームBにおける「ist」がまさに同じことばであることが必要である。しかしこの「同じ」もまた、使い方によって確保されるわけにはいかない。ここでもまた、ゲームAとゲームBにおける「ist」の音や表記が同一であることが、ゲームをまたいで同じことばが使用されているということの規準になるのである。

さて以上の議論から、ことばにあり記号にないとされる「魂」や「生命」なるものをようやく地上に降ろすことができる。ことばにあり記号にないものとは、複数の言語ゲームにおいて、それが異なる仕方で使用されるということである。複数のゲームをまたいで同じことばが使い方を変えながら使用されているということ、これがことばを記号から隔てる性質である。この事態を、「ことばにはゲームに応じたアスペクトがある」と表現することが許されよう。このアスペクト性こそが、記号とことばを隔てることばの「魂」なのである。

3　哲学の問題とはポイントの問題である

3・1　冗談（Witz）としてのポイント

以上みてきたように、われわれの生活のうちには、使い方だけでなく、表情、そして音・表記がことばの意味となるような文脈が用意されている。しかし他方で、そのどれもがことばの意味そのものではない。というのも、ことばの「意味」とはあくまで、そのことばをほかのことばから区別する何かだからである。したがって「ことばの意味とは何か」という問いに一言で答えようとするならば、それは、差異を確保することをその本質的な機能とする「ポイント」ということになるだろう。ウィトゲンシュタインのことばの意味に関する議論はすべて、ことばとことばを区別する「ポイント」の探究として統一的に理解されるのである。

ところで本書では、ここまで一貫して「Witz」を「ポイント」と訳出してきた。しかしウィトゲンシュタインのテキストのなかには、「冗談」や「ジョーク」の意味で「Witz」ということばを使用している箇所が存在する。そしてウィトゲンシュタインは、冗談というものを、差異を直観させる優れた方法として考えていた節がある。[22] もちろん冗談にもさまざまな種類のものがあるが（cf. LA 48）、ウィトゲンシュタインは、われわれのことばの「文法に関する冗談（grammatische Witz）」（PI §111）にとりわけ関心を寄せている。その例をひとつ見てみよう。

（22）ウィトゲンシュタインは、冗談という主題について、S・フロイト（1856-1939）から（cf. AWL 39／邦訳 123 頁）また優れた冗談に関して、G・C・リヒテンベルク（1742-1799）から（cf. MS 142 104-5）多くを学んでいたようである。リヒテンベルクの Witz に関する議論としては、Neumann（1976）pp. 141-51 を参照。

誰かが「なぜあなたはこの生地に卵を入れるの?」と尋ねたならば、そのこたえは、「そうするとケーキが美味しくなるからさ」というものになるかもしれない。こんな風にして〔この答えのうちに〕ひとは結果(Wirkung)を聞き取ってしまうのだが、それは理由(Grund)として与えられているのである。

私が木材の塊にひとつの決まった形を与えたいなら、その形をもたらすのが、正しい打撃だ。――しかし、望んだとおりの帰結をもたらすものを、私は正しい論証とは呼ばない。ある計算の結果に由来する行動が、望み通りの目的に導いてくれたとしてもなお、私はその計算を、間違っていると言う。次のような冗談(Witz)と比較せよ。AはBに、かれ〔第三者〕が宝くじで大当たりを引いたこと、道に落ちている箱を見て、そこに書かれている数字が5と7であることを知り、5×7が64であることを計算し、64を賭けたという顛末を伝える。B:でも、5×7は64じゃないよ! A:〔今度は〕僕が一等賞を当てるよ。彼が〔正解を〕教えてくれるよ。この冗談が示しているのは、ふたつのケースにおいて、「正当化(Rechtfertigung)」が異なる種類のものであるということである。(BT 185: cf. PG §133)

この例において、Aのふるまいに可笑しさや滑稽さを見てとるとき、われわれは、自身とAとのあいだに何かしらの差異を見てとっていることになる。そしてその差異は、たとえば、結果による正当化と、理由による正当化の区別といったかたちで明証化されるべきものだろう。つまり、ことばの「文法にかんする冗談（grammatische Witz）」は、ことば（この場合は「正当化」）の「文法のポイント（Witz der Grammatik）」を示唆するのである（cf. Ertz 2009, p. 51）。もしウィトゲンシュタインが、冗談をポイント（Witz）を示すための独創的手段として見なしていたのだとすれば、N・マルコム（1911-1990）が報告している「哲学の論文が、はじめから終わりまで冗談をつかって…書ける」（Marcolm 2001, p. 28）という発言も、からかいや誇張などではなく文字通り受け止める必要があるかもしれない。じっさいウィトゲンシュタインは次のようにも語っていたからである。

虚構の概念があってはじめて、われわれの使っている概念が理解できるようになる。そういう虚構の概念を作りあげることほど、重要なことはない。（Nichts ist doch wichtiger, als die Bildung von fiktiven Begriffen, als die fiktiven Begriffe, die uns die unseren erst verstehen lehren.）（MS 137 78b）

われわれと他なる存在とのあいだに存在している差異を、目にみえるかたちで表現することが、われわれの自己理解を促すのとまったく同じように、冗談や思考実験によって虚構的に差異を作りあげ、その差異について考えることもまた、われわれの自己理解を促すことになるのである。

3・2　差異＝ポイントの哲学

さて以上のようにポイント概念の全容が解明されたことによって、ウィトゲンシュタインが次のように語った真意をわれわれはようやく理解できるようになる。

> 哲学の問題とは、ポイントの問題である。(Die Problematik der Philosophie ist die Problematik des Witzes.)(MS 150 12)

ポイントが差異を作るための概念であるならば、ウィトゲンシュタインにとって哲学とは、差異がないと見なされているところに、差異を作り出す活動である。あるいは、差異があることが直観できても、それがどのような差異であるかがが見えにくくなっているものを、明証化する活動である。そして、言語との格闘を標榜するかれにとってそれは多くの場合、ことばの使用同士、あるいは、言語ゲーム同士の差異を作り出す作業を意味する。その差異の作り出し方はじつにさまざまだが、しかし、かれが作り出す差異とはつねに、日常言語にコミットするわれわれと、そうではないかれら（形而上学者、儀式チェスや表面積計算のプレイヤー、文法的な冗談に登場する人物など）とのあいだの差異である。ところで、日常言語におけることばの使用と、哲学者（形而上学者）のことばの使用とのあいだに差異を作り出すにあたって、かれが作っているのは単なる差異ではなく、正しい使用と誤った使用という規範的な差異であるように思われる。そうするとウィトゲンシュタインは、両者の差異を作りあげつつ、日常言語を権威にすることで、その差異を規範的なものとして仕立て上げているのだろうか。決してそうではない。[23]『青色本』においてウィトゲンシュタインは、ことばの使用の食い違いを、地図上の地域分割に喩えて次のように語っていた。

「彼〔日常的なことばの使い方とは異なる使い方をしようとしているひと〕は、たとえば「デボン州」という名を、いま取り決められている地域に対してではなく、それとは別の仕方で区切られた地域に対して用いたいと感じている。彼はそのことを、「ここに境界線を引いて、これを一つの州にするのは理にかなっていないのではないか」と言って表現することもできよう。だが彼は「実在のデボン州はここだ」と言う。これに対しては、「あなたが欲しているのは単にある新たな表記法であり、新たな表記法によって地理上の事実が変わるわけではない」と答えられよう。」（BB 57／邦訳 106 頁）

ある地域に割り当てる線引きの仕方の変更は、当然のことながら、ほかの地域の線引きの仕方の変更と切り離すことができない。イングランドのデボン州は、西でコーンウォール、東でドーセット、サマセットに接している。そしてデボン州に割り当てられる範囲を変更するということは、コーンウォールやドーセットの割り当ての範囲の変更をも巻き込む一大作業となる。ことばの使用

（23）ウィトゲンシュタインが日常言語以外の言語使用をすべて拒絶するような日常言語至上主義者ではないという点については、大谷（2020）、90-3 頁や、古田（2020）、195-6 頁も参照。

についても事情はまったく同じである。あることばの使用を変更するということは、それと隣接することばの使用の変更をも必然的に巻き込まずにはおかない。あることばだけの使用の変更というものはありえない。ありうるのは、（部分的にでも）別の言語を作りあげることだけである。そしてそのような用意がないかぎり、ことばの使用の差異は、単なるニュートラルな差異ではなく、正しいものとそれから逸脱した間違ったものという規範的な差異に自然となるのである。

『哲学探究』のエピグラフには、オーストリアの劇作家ネストロイ（1801-1862）による笑劇、『庇護された者（Schützling）』からとられた「進歩はいつも、実際よりずっと大きく見えてしまう」が掲げられている。けれどもウィトゲンシュタインは、採用するエピグラフに関してさまざまなアイデアをもっていたとされている（cf. Baker and Hacker 2005, pp. 29-32）。そのひとつに、シェイクスピア『リア王』からの引用がある。一九四八年の秋、弟子のM・ドゥルーリー（1907-1976）に対してウィトゲンシュタインは次のように語ったとされている。

私には、ヘーゲルはいつも、違うように見えるものが実は同じなのだと言いたがっているように見える。それに対し私の関心は、同じように見えるものが、実は異なっているということを示すことにある。私は自分の本のモットーとして『リア王』から「違いを教えてやろう（I'll teach you differences.）」を引用して使おうと考えていた。（Drury 2017, p. 135）

ウィトゲンシュタインの哲学とは、「同じように見えるものが、実は異なっている」ことを教える差異の哲学、ポイントを与える哲学なのである。

第Ⅱ部　心とアスペクト

第4章　ふりとは生活という織物のなかのパターンである

第Ⅰ部「意味とポイント」ではポイント概念の解釈を行うとともに、この概念がウィトゲンシュタインの言語哲学（「ことばの意味とは何か」）、あるいはメタ哲学（「哲学とはどのような営みか」）においてどのような役割を果たすものなのかを検討してきた。ポイントという概念は、言語ゲームを構成する様々なルールやことばを構成する様々な使用をひとつの全体としてまとめ上げる視点として彼の哲学においては機能している。したがってウィトゲンシュタインのいうポイントとは、ものの見方全般を指すアスペクト概念の一種として理解できるというのが本書前半の結論であった。

本書後半にあたる第Ⅱ部「心とアスペクト」では、主題を言語哲学から心の哲学（ウィトゲンシュタインのテキストに即して言えば「心理学の哲学（Philosophy of Psychology）」）へ移す。それに伴い考察の中心を占める概念もまた、ポイントからアスペクトへと移っていく。「心理学の哲学――断片」（旧称『探究』第Ⅱ部）においてウィトゲンシュタインは、ものの見方が閃いたり転換したりするアスペクト体験の分析を執拗に行っていた。この一連の考察は、意味を体験できること——たとえば「はしを渡る」の「はし」を「橋」の意味で聞いたり「端」の意味で聞いたりできること——がことばの意味の理解にどのように寄与しているのかを見定めるためのものだとしばしば見なされる。

他方でこの考察はまた「心とは何であるか」という問題、特に晩年期の『ラスト・ライティングス』で論じられる「どのような条件のもとでわれわれは心なるものを他者に帰属しうるのか」という問題の予備的考察として位置づけることが可能である。こうした見通しのもと、以下の4章と5章では、ウィトゲンシュタインが「アスペクト」という概念によって「心」なるものをどのように説明しようとしていたのかを考察する。ターゲットとなるテキストは『ラスト・ライティングス』および『心理学の哲学I、II』である。

あらかじめウィトゲンシュタイン自身の回答を素描しておこう。ウィトゲンシュタインによれば「**心があるとはその者のふるまいが複数のものの見方、複数のアスペクトに開かれている**」ということである。この洞察は心にまつわる様々な概念の使用に即して次のようにも表現される。「**心的概念には適用規準の不確実性が本質的に織り込まれている**」。ふるまいが複数のものの見方に開かれているとはどういうことなのか。何がそれを可能にするのか。「心的概念の適用基準に不確実性が織り込まれている」とはそもそも何を意味するのか。以下で見ていくことにしよう。

心の哲学の文脈において、ウィトゲンシュタインという哲学者は（論理的）行動主義の祖としてしばしば引き合いに出される（cf. Mandik 2010; Graham 2023）。たとえば『探究』の有名な一節、「〈内的な出来事〉は外的な規準を必要とする」（PI §580）は、それ単独で取り出してくるならば、行動主義へのコミットメントを示すものとして読むことも不可能ではない。しかし今日の多くの研究者が認めるように、ウィトゲンシュタインはやはり行動主義者ではない。そして筆者の見立てによれば、心的概念の本性をめぐる両者の見解の違いは晩年期の思索において浮き彫りになっている。

　晩年期のウィトゲンシュタインは「生活パターン（Lebensmuster）」というこれまで使用されてこなかった新規の概念を用いて、心的概念全般を主体のふるまいをその一部として含む生活パターンとして分析する方針を打ち出す。しかしこのことは、晩年期のウィトゲンシュタインが行動主義——心的概念を行動のパターンへと還元する——へ舵を切ったことをもちろん意味しない。というのもそこでは、行動主義的アプローチが潰しかねないふたつの概念的区別の確保に慎重な注意が払われているからである。その概念的区別とは（A）「特定の心的状態にあること」と「（とくにそのような心的状態にはないがあたかもそうであるような）ふりをすること」、ならびに（B）「物」と「心」という区別である。ウィトゲンシュタインはこれらの区別がわれわれの生にとって重大な意義を持つものであること、そしてこの区別の消去によってわれわれの生がラディカルな変更を被らざるをえないことに十分自覚的であった。したがって心的概念をめぐる晩年期の課題はこれらの区別を確保しつつも、パターンという観点から心的概念の本性を捉えることにあったと言える。本章では、晩年期のウィトゲンシュタイン——今日では『論理哲学論考』（以下『論考』）の前期、『哲学探究』（以下『探究』）の後期と並び「第三のウィトゲンシュタイン（The *Third* Wittgenstein）」[1]と称されることもある

——による心的概念の分析がいかなるものであったのかを行動主義との対比を意識しながら検討することにしよう。

議論の流れは以下の通りである。まず1節では行動主義が（A）と（B）の区別を潰してしまうことを簡単に確認する。次に2節において（A）の区別がウィトゲンシュタインによってどのように確保されることになるのかを見る。「織物」の比喩にウィトゲンシュタインが何を託しているかを読みとることでこれは明らかになる。つづいて3節では、（B）の区別がどのようになされているかを明らかにする。心的／物的といった区別は、その概念が指示する対象の種類の差異ではなく、それらの概念を用いて行われるゲームのルールの差異に求められる。心的概念を用いた諸ゲームは、不確実性をその本質としてもつのに対し、物的概念を用いた諸ゲームは、確実性をその本質としてもつ。結論として、行動主義が抹消してしまう（A）、（B）の区別をきちんと確保したという点においてウィトゲンシュタインは明確に行動主義者ではないと結論づける。

1　行動主義は何を区別できないか

はじめに、後期ウィトゲンシュタインにしばしば帰せられてきた「論理的行動主義」（以下、単に行動主義と呼ぶ）の立場を概観しよう。(2) 行動主義とは、心と物に関する二元論的な見解へのアンチテーゼとして登場した学説である。心と物に関する二元論的な見解は「心とはどのようなものか」に関する存在論的な主張と「心についてわれわれはどのように知りうるのか」に関する認識論的な主張というふたつの主張に分けることができる。ここでいう存在論的な主張とは大雑把に言えば、心を思考や感情などが生起する場所のようなものとみなし、心的状態を心という場において生起する（物的出来事に比せられるような）なんらかの出来事であると考えるものである。またそのように理解される限りでの心的状態は、他者には間接的な仕方でしか知ることができないというのがここでの認識論的主張である。この二元論的見解のどこを批判するかに応じて行動主義にはいくつかのバリエーションがうまれることになるが、おおよそ（ⅰ）唯物論を前提とし（ⅱ）心的概念の意味とふるまいに関する概念の意味とを同一視し（ⅲ）この同一性を概念分析によって明らかにすることができると主張する立場だと言うことができる（cf. 片岡 2017）。

さて、こうした行動主義的アプローチを採用するならば、心的／物的というカテゴリーの区別が潰れること（正確には「心的」というカテゴリーを設ける必要がなくなること）は明らかである。行動主義は心的概念をふるまいに関する概念へと還元することを目論むものだからである。さらにここでは

（1）このネーミングは、モイヤル・シャーロックの編集による二〇〇四年のアンソロジー集 *The Third Wittgenstein: The Post-Investigations Works* の刊行をきっかけに広まったものである。

（2）ウィトゲンシュタインを行動主義的に読む論者として例えば、Cook（1994）、（1999）がある。

もうひとつの区別、すなわちじっさいに特定の心的状態にあることと、そのようなふりをすることとの区別が潰れてしまうという点もおさえておきたい。もしある特定の心的状態にあるということが、個別の行動パターンに還元されると仮定した場合、例えば歯痛を感じているという心的状態は、うめき声をあげ、片手で頬を押さえ、顔を歪める等々のふるまいのパターンと同一視されることになる。そうなると、じっさいに痛みを感じてそのようにふるまうことと、相手を誤った判断に導くことを意図してあたかも痛みを感じているかのようにふるまうことのあいだに、行動主義者は楔を打つことができなくなってしまう。これは素朴な行動主義が抱える難点のひとつであると言える。

たしかに、内界としての心という描像を拒絶しようとする行動主義の動機づけ自体はウィトゲンシュタインにも共有されてはいた。周知のように、使用の観点から言葉の意味へとアプローチするようになったウィトゲンシュタインの狙いは、言葉の意味をその指示対象と同一視する「指示主義(referentialism)」(ter Hark 2000, 2001) 的な言語観を回避することにあった。この指示主義的な言語観は、あらゆる概念を物としてイメージさせる (cf. LWII p. 43) ような思考をわれわれに強い、様々な哲学的困惑を生じさせることになる。心身二元論が素朴に想定しているような、内界としての心とそこで生じるとされる心的出来事という描像もまた、名前というたった一種類の語の機能の仕方を敷衍して、心や心的出来事を物化してしまった結果である。このように、物としてイメージされた心という描像を回避するひとつの有力な立場を提示したのが行動主義だったのである。

しかしながらウィトゲンシュタインにとって、ある特定の心的状態にあることとそのようなふりをすることの区別は、それと引き換えに犠牲にされてよいものではなかった。行動主義に対する否定的な問題意識は、早くは一九三〇年代の講義のなかに、そして後期、晩年期のテキストのなかにも顔をのぞかせている。

他人が痛みを感じているという仮説と、痛みを感じていないが、痛みを感じている場合と同じように振る舞うという仮説とは、もし一方を証拠立てる可能なあらゆる経験がもう一方をも証拠立てるならば――つまり、もし経験によってどちらが正しいか決着をつけることができないならば――、意味が同じであると言わねばならない。(PR §65)

「でも、あなたは、痛みを伴った痛みのふるまいと、痛みのない痛みのふるまいとの間に、差異のあることを認めるだろう。」――認めるだって? これほど大きな差異がどこにありえよう!――「それでも、あなたはいつも繰り返し、感覚それ自体は何物でもないという結論に到達している」――いやそうではない。感覚は何かではないが、しかし何物でもないのでもない。(PI §304)

行動主義は、真正な歯痛と偽装された歯痛、歯が痛いふりをしている人と、じっさいに歯が痛い人とを区別することが出来るのでなければならない。(LWL p. 46)

痛みを伴った痛みのふるまいと痛みのない痛みのふるまいとの間にあるこれ以上ないほどの「大きな差異」。これを主体の内側で生起している内的出来事に訴えずに確保すること。この課題に明確な回答を与えられないのであれば、この時点でウィトゲンシュタインは、自身の立場を行動主義から差別化することに成功しているとは言えないことになる。じっさい『探究』期までのテキストにおいては、「ふりをする」概念の位置づけについて考察がなされた形跡はほとんど見当たらないのである。後期ウィトゲンシュタインは、たとえ行動主義から距離を取ろうとしていたことが明白であるとしても、「ふりをする」概念にどうやって場所を確保してやるかに関して見通しを欠いているがゆえに、行動主義者として解釈される余地をなお残してしまっていると言える(3)。

2 「ふりをする」に適切な場所を確保する――織物の比喩

ふりをする概念を適切な場所に位置づけるという課題は、晩年期に至ってはじめて本格的に着手される。以下では『心理学の哲学』および『ラスト・ライティングス』に依拠しつつ、特定の心的状態にあることと、そのようなふりをすることの概念的区別がどのように捉えられているかを見ていく(4)。

まずウィトゲンシュタインが回避したい方向性を再度確認しよう。それは隠されたものとしての内面という描像に関わるものであった。いま、自分が刑務官であるとして、担当する受刑者が突然腹を押さえながら呻き、部屋の中をのたうちまわるという状況を想像してみよう。小窓越しに観察できる受刑者のふるまいの全てが、彼が腹部に強烈な痛みを抱いていることを示しているように見える。あなたは職務としてこの受刑者を医務室に運び、適切な処置を施してやらなければならない。しかし、鍵を開けようとして一瞬手が止まる。もしかするとこの受刑者は、刑務作業をサボりたいがゆえに、痛いふりをしているだけなのではないか。あるいは何か別の狙いがあるのかもしれない。しかし結局、じっさいに痛みを感じているかどうかは、彼にしかわからないことなのだ。結局そのふるまいの迫真さに促され、あなたは鍵を開け、受刑者を医務室へ運ぶことになる。

こうした状況を想像したとき、われわれはある描像をごく自然に受け入れてしまうように思われ

(3) ウィトゲンシュタインを行動主義者ではないと解釈してきた論者は、ウィトゲンシュタインがふるまいの「文脈依存性」を強調した点を引き合いに出す傾向にある。文脈が異なれば、同じふるまいも別様に理解されるのだから、心的概念の意味はそのふるまいには還元されない、というわけである (e.g., Luckhardt 1983)。しかしこうした議論の仕方では、あらゆる文脈を考慮に入れさえすれば、心的概念をふるまいのパターンに還元することはなお可能ではないかという反論を行動主義者に許しかねない。本章の(そして第三のウィトゲンシュタインの)新規性は、たとえ文脈が固定されるとしても、なお心的概念をふるまいのパターンには還元できない理由が存在することを指摘するところにある。この点に関しては本章の3節を参照。

(4) 以下では心的状態として、痛みと感情に議論の焦点を絞ることにする。

る。すなわち、彼がじっさいに痛みを感じているか、そういうふりをしているかを区別するものは、彼の内面で生じている「何か」の存在であり、そしてその「何か」の生起が隠されているがゆえに、われわれには彼がじっさいに痛みを感じているのかどうかを知ることができないというものである。「感覚」や「脳状態」など、たとえそれがどんな名前で呼ばれるにせよ、とにかく両概念を区別するようなものがどこかに存在するに違いない。[5] このように、隠された「何か」の存在に訴えることで、真正の心的状態と偽装された心的状態との区別を確保することは是非とも避けなければならない。そこでは、心的概念が、物と類比的に理解されてしまっているからである。

　ではこうした描像に訴えずに、ふりをする概念を適切に位置づけるにはどうすればよいのか。まず『ラスト・ライティングス』において頻出する「生活パターン（Lebensmuster）」（LWI §§211, 365; LWII pp. 40, 42-3）ないし「パターン（Muster）」（LWI §§206, 406, 862, 869, 942, 966; LWII pp. 27, 35, 40, 42, 55, 81, 84）という概念に着目しよう。[6] これらは、行動主義が問題にする素朴な行動パターンやふるまいのパターンとは慎重に区別されなければならない。というのも「一定の機会に見られる一定の行動の形式のみ」（RPPII §33）を問題にする行動主義とは対照的に、ウィトゲンシュタインはある一時点におけるふるまいのみならず、そうしたふるまいを支える「背景（Hintergrund）」もまた、心的状態を他者に帰属する（あるいは特定の心的概念を適用する）際には考慮されなければならないと考えるからである。[7] 行動主義が、心的概念をふるまいのパターンという観点のみから理解しているとすれば、ウィトゲンシュタインは、ふるまいとそのふるまいを支える背景とが渾然一体になったもののパターンとして心的概念を捉えている。(8) そしてこの背景とセットになったふるまいのパターンを生活パターンと呼ぶのである。

さらにウィトゲンシュタインは、この生活パターンを「織物」や「絨毯」の比喩によって捉えようとしている。(9) 一枚の絨毯のなかで、様々な模様のパターンが変奏・反復されていくのと同様に、われわれの複雑な生活のなかでも、実に多様なパターンが反復されている。われわれがいま検討している「ふりをする」概念もまた、そうした模様パターンのひとつとして把握されている。

（5）以下を参照。「いったい、どうしてそれが心の出来事や状態や行動主義といった哲学的な問題になるのか。——その第一歩は全然目立たない。われわれは出来事や状態について語り、それらの本性を未決定のままにしておく！ おそらくいつかはそれについてもっと知るようになるだろう——とわれわれは考える。ところが、まさにそのことによって、われわれは特定の考察方法にしばりつけられてしまっているのである。」（PI §308）

（6）本章では両概念を同義と見なし、以降の議論では一貫して「生活パターン」を用いる。なお似たタームとして「生活形式（Lebensform）」（PI §§19, 23, 241）があるが、Moyal-Sharrock（2015）は、両者を厳密に区別している。また同様の表現に「生活の型（Lebensschablone）」（LWI §206）もある。

（7）以下を参照。「われわれはある行為を、人間生活の中にあるその行為の背景に基づいて判断する。この背景は単色で彩られているものではなく、われわれはそれを、極めて複雑な金銀細工を施した図柄として思い浮かべることができよう。われわれは確かに、その図柄を模写することはできないけれども、それがもたらす一般的印象に従って、それらを再認することならできるであろう。」（RPPII §624）「人間の行動様式はどのように記述しうるのだろうか。ただ、様々な人間の行動が互いに入り組み合いながら群れをなしている様子を示すことによってのみ、記述できる。ある人が今何をしているかではなく、〔行動の〕群れ全体が、われわれがそれに基づいて行動を捉える背景をなしているのであり、またわれわれの判断、われわれの概念や反応をも規定しているのである。」（RPPII §629）

もしも生活が一枚の絨毯のようなものであるとすれば、その図柄（例えば、偽装の図柄）は必ずしも完全であるわけではなく、様々な仕方で変様する。しかし、われわれの概念世界においては、われわれは同じものが変化を伴いながら何度もくり返し反復されるのを見る。われわれの概念はこのような形で把握される。概念はともかく、一度限りの使用に対応するものではないからである。（RPPII §672）

なぜなら、ふりというのは、生活という織物のなかの（特定の）パターンだからである。そのパターンは限りなく多様に変化しつつ繰り返されていく。（LWI §862）

心的概念全般を、絨毯の比喩によって捉えることの意義については次節に回し、いまはふり概念を図柄のパターンとして理解することの意義に焦点を絞ることにしよう。一言でいえばそれは、ふりをすることを何かが隠された事態として理解する必要がなくなるということである。なぜならば他者の心的状態の判断の困難さが、模様パターンの認識の困難さと同じ次元へと移されるからである。

絨毯のなかに含まれている模様パターンが識別できないときわれわれは、その図柄が何かで覆われていたり、目の届かぬところにあったりするからだとはふつう考えない。その図柄は何の障壁もなく、まさにそこにある。にもかかわらず、その図柄が識別することができないのである。ここには何の不思議もないだろう。もちろんその図柄を識別できないことの理由を挙げることはできる。例えば、その模様は非常に複雑であったり、別の模様と密接に絡み合ったりしているがゆえに、背景と分離して識別することが困難なのかもしれない。あるいはその模様が自分の知っている典型的な模様パターンから著しくかけ離れたものであるがゆえに、幾度も反復されていたとしても気づくことができないのかもしれない。しかしいずれにせよ、その図柄がわれわれにオープンになっていることまでを否定する必要はない。

ウィトゲンシュタインにならってわれわれもいまこの比喩を受け入れるならば、相手がふりをしているかどうか判断することの困難さを、当人の内面が隠されていてアクセスできないからだと考

(8) 例えばウィトゲンシュタインは「痛いふりをする」という生活パターンが成立するための背景のひとつとして「真似しようと意図する能力」(LWII p. 56) を挙げている。「痛いふりをする」ことの典型的なふるまいのパターンをただなぞってみても、それは単に痛みのふるまいを「真似する」ことにしかならない (ibid.)。この「真似しようと意図する」ことは、自分の心的状態に対する相手の判断を誤って導くことで、何らかの目的を達成しようとするものであるが、例えばこの意図を持つことに意義を見出せないような者の場合、ふるまいのパターンとしてはわれわれと似通っていても、それはやはり「ふりをする」というパターンにはなりえないだろう。このようにウィトゲンシュタインは、ある生活パターンを成立させるための「背景」として、前後のふるまいや状況、経過 (cf. LWI §406) のみならず、われわれの基本的な生活形式をも数え入れている。

(9) 織物の比喩を採用する意義を強調した研究として、Rosat (2007) がある。

える必要はなくなるはずだろう。それが困難さを引き起こすのは「ふりをする」という模様が、端的に複雑であったり、微妙なものであったり、別の模様〔別の概念〕と絡み合っていたり、典型的なケースから逸脱していたりするからなのである。

そしてその模様〔偽装の図柄〕は、図柄の中で他の多くの図柄と織り合わされている。(RPPII §673)

ふりをすること。――われわれが送る生活という織物のなかに見られる、この特別で、単純とは程遠いパターン。(LWII p. 27)

ふりをすることが、もしもある複雑なパターンでないとしたら、われわれは生まれたばかりの子どもがふりをする様子を想像できることになるだろう。(LWII p. 55)

この図柄の比喩を通してわれわれは、特定の心的状態にあることと、そのようなふりをすることとの概念的区別を全く新しい仕方で捉え返すことができるようになる。すなわちその区別は、単純なパターンとより複雑なパターン（その単純なパターンからいくつかの要素を借りてきて新たに作り出されたより複雑なパターン）との差異として理解される。ここで重要となるのは、ふりをするということを

「困った厄介者、〔じっさいにその心的状態にあるという特定の〕パターンを乱すもの」（LWII p. 35）として考えるのではなく、それ自体をひとつの独立したパターンと考えたうえで、両者の差異をパターンの複雑さの程度の問題として理解することである。

とりわけ、ふりをすることには、外面にあらわれる特有のサインがある。そうでなければ、われわれは、そもそもどうやってふりについて語ることができるというのだろう。

だからわれわれは、生活という織物のなかのパターンについて語るのである。

では君は、本当に痛いことに対応するパターンや、痛いふりをしていることに対応するパターンは存在しない、とでも言いたいのか。

しかし、私はそうしたパターンを記述できるのだろうか。

実際に、長い帯のなかに見られるパターンが話題になっていると想像してみよ。帯が私の傍らを流れていく。そして私は、あるときは「これはパターンSだ」と言い、またあるときは「これはパターンVだ」と言う。どちらのパターンなのかしばらく分からない場合もあるし、結局「どちらでもなかった」と言う場合もある。

人はどうしたら私にこれらのパターンの見分け方を教えられるのだろうか。そのやり方とは、私にまず両パターンの単純な例を示し、それから複雑な例も示していく、というものである。それはほとんど、二人の作曲家のスタイルを区別する仕方を学ぶようなものだ。

しかし、なぜ人はこれらのパターンに関して、そのような捉えがたい境界線を引くのだろうか。それは、われわれの生活において、そうした境界線が重要であるからだ。（LWII pp. 42-3）

例えばプレゼントを貰って心から喜びを感じているAと、喜びを感じてはいないのだが喜んでいるふりをしているBを例に考えよう。二人ともプレゼントを受け取るや、目を見開いて驚きの表情を浮かべ、つぎの瞬間には顔をほころばせながら、感謝の気持ちを口にする。だがBはじっさいにはそのプレゼントの内容に不満を覚えている。しかし、折角の気持ちに報いないのも申し訳ないと思い喜んだふりをしている。贈り主はBの本心に気づかない。

贈り主はAとBに、同じ模様（単純なパターンS）を読みとる。しかしBの場合には、パターンSとして認識する際に不要なもの（ノイズ）として処理された要素があったのかもしれない。Bの古くからの友人ならそのノイズを部分として含むようなより包括的な仕方で、全く新しい模様（より複雑なパターンV）を認知することができるかもしれない。(10) もちろん、Bが器用にふるまえば、この複雑なパターンの読み取りは困難な作業になるだろう。しかし、それが困難な作業であるということは、われわれにアクセスできない仕方で隠されているということを意味するわけではないのであ

る。(11)

ここまでのところをまとめよう。ウィトゲンシュタインの課題は、じっさいに特定の心的状態にあることと、そのような状態にあるふりをすることの区別を、隠されたものとしての内面という描像を避けつつ確保することにあった。この課題に対し、ウィトゲンシュタインは、生活パターン概念および、絨毯の比喩を持ち出すことによって、心的状態の判断とその困難さを、模様パターンの把握の困難さと同次元に捉え、両者の区別を、部分的に同じ要素を持つが全く異なる、単純なパターンと複雑なパターンとして捉え返したのである。

(10)例えば、笑顔という身体表現は、真正な喜びという単純なパターンの一部になることもあるが、同時に喜ぶふりという、より複雑なパターンの一部になることもある。

(11)このように書くと、単純なパターンと複雑なパターンのいずれを見出すかは、観察の仕方の次元に依存するという話に聞こえるかもしれない。つまり、微視的に観察すれば、本当に喜んでいるようにしか見えなかったとしても、巨視的に見れば、喜んでいるふりだと見抜くことが出来るというわけである。しかし後述するように、この絨毯の比喩が焦点としているのは、観察の次元をどう取るかで、認知されるパターンが変化するということではなく、観察する次元が一定だとしても、その中から、単純なパターンと複雑なパターンという異なったパターンを見出すことがありうるということである。見出すパターンの差異が、観察する次元や証拠の量の差異に還元できないという点については、次節において再度触れる。

3　心的／物的の区別――ゲームに内在する不確実性

続いて、心的／物的の概念的区別がどのように確保されるのかをみていこう。隠されたものとしての「内」と露わになっているものとしての「外」という描像を拒絶しつつも、ウィトゲンシュタインは心的概念と物的概念を区別する必要はあると考えている（cf. LWII p. 62）。ではもし両概念が指示する対象の種類によって区別されるのではないとすれば、それはどのようになされるのだろうか。『ラスト・ライティングス』においてウィトゲンシュタインは心的概念と物的概念の区別を、それらが用いられるゲームのルール、すなわち他者の心的状態を判断するというゲームとそれ以外の判断のゲームにおけるルールの差異に求めている。ここでキーワードとなるのは、前者のゲームのルールに本質的に含まれているとされる「不確実性（Unsicherheit）」、「不確定性（Unbestimmtheit）」である[12]。

他人がしかじかのものを感じているかどうかの不確実性とは、そうした言語ゲームすべての（本質的な）特徴のひとつである。（LWI §877）

彼の心のなかについての不確実性。それは彼のどんなふるまいによっても私には免れないものだ…（LWI §886）

まず注意しなければならないのは、この文脈で用いられる「不確実性」を経験的・認識的な意味で捉えてはならないということである。じっさいウィトゲンシュタインは、不確実性をさらに「主観的な不確実性」と「客観的な不確実性」とに分けたうえで、心的状態の判断に関して自身が問題にしているのは「客観的な不確実性」だと述べている。

「もちろん、ここに常に主観的な不確実性があるわけではない。しかし、客観的な不確実性は常にある」（しかしこれは何を意味するのか）（LWI §887）

ただ、客観的な確実性が成り立たないのはわれわれが他人の心を覗きこめないからである、ということではない。他人の心を覗きこめないという表現がすなわち、客観的な確実性が成り立たないということを意味しているのだ。（LWII p. 25）

ハークによれば「主観的な不確実性」とは、「ある概念が適用されうるか否かを決定するための十分な情報を欠いていることに由来する、認識的な不確実性の一形式」（ter Hark, 2001 p. 95）である。

（12）本書では「不確実性」と「不確定性」を相互に交換可能なタームとして用いる。

この場合、ある概念を適用可能かどうかが、特定の主体にとって（情報の不足ゆえに）判断がつかないとしても、どのような証拠を得ることができればその概念を適用可能かという、概念の適用基準そのものは明確である[13]。

これに対し「客観的な不確実性」とは、情報の不足に由来するものではなく、当の概念を適用する規準そのものに関わる不確実性である[14]。

「客観的な不確実性」とは、ゲームの本質に含まれる不確定性、認められる証拠の不確定性である。（LWI §888）

とはいえ、彼の苛立ちを推察することの不確実性とは要するに、彼がこれからどう振る舞うかについての確実性だ、というのは正しくない。むしろ概念に、規準の不確実性が織り込まれているのである。（LWII p. 70）

ある人がどういう心的状態にあるのかを判断する際、われわれは、様々な証拠を集める。涙を流しているのを見れば、それは、その人が悲しんでいることの有力な証拠になるだろう。しかし、われわれの送る生はそれほど単純で規則的なものではない。例えば、親友の訃報を受けとった者の顔が、無表情のままであることは容易に想像しうるし（Rosat 2007, p. 202）、場合によっては笑顔を見せるようなことさえあるかもしれない。もちろんこれらは、典型的な悲しみのふるまいからは逸脱したり、それとは正反対の特徴を示したりしている。それにも関わらず、こうした特徴を証拠としてわれわれは、非常に深い悲しみの感情を彼に帰すかもしれないのである。このように、適用規準の不確実性は、われわれが心的と呼ぶ諸概念を構成する「本質的な」ものであり、決して解消されるべき「欠点」ではない（RPPII §657）。それはわれわれの生が、規則的にではなく不規則に、予測可能な仕方ではなく、予測不可能な仕方で進行していくことをダイレクトに反映しているのである。

ここで、再び織物の模様パターンの比喩に戻ろう。この比喩によってウィトゲンシュタインは、生活という一枚の織物の中で変奏されつつ反復される模様パターンとして心的概念を捉えようとしていたのであり、この比喩において心的状態の判断とは、織物の中に模様パターンを見てとることに比せられたのだった。このとき、人によって、同じ部分が（先に見たふりをする概念の例のように）より複雑な模様パターンに組み込まれたり、あるいは単純さの程度は変わらなかったりしても、全

（13）例えば、問診で、患者が特定の病気に罹患しているかが医師にとって判断がつきかねているときの不確実性は、血液検査をしていないという情報不足に由来するものであり、どのようなデータが得られれば、その病名を適用してよいかどうかがははっきりしている。

（14）概念の適用規準に関わる不確実性の問題は、「厳格な（starr）」、「明確な（scharf）」概念（LWI §§246, 267）と対比された「柔軟な（elastisch）」、「曖昧な（vage）」、「しなやかな（biegsam）」概念（cf. LWI §§243, 246; LWII p. 24）という形でも問題にされている。

く別の模様（今見た悲しみの例のように）パターンのうちに組み込まれるということが起こりうる。しかし、これらの模様パターンのうちどれが「正しい」ものであるかに決着をつける明確な規準というものは存在しない。この織物の模様パターンの比喩によって心的概念の本性を捉えることの最大のポイントは、心的状態の判断のゲームが（確かな規準を持たないがゆえに）「真か偽か」を問題にするゲームとは全く異なるゲームであることを際立たせることにあるのである。[15]

ここにアスペクト知覚との類比性を見出すことは容易だろう。通常の知覚（「～を見る」）が、複数の人間のあいだで一致が目指され、不一致が排除されるものであるのとは対照的に、アスペクトのゲーム（「～として見る」）においては、複数の人間が、同じ絵を前にして、異なるアスペクトを見てとるということが原理的に許容されている。同じように、心的状態の判断のゲームにおいても、二人の人間が証拠を共有しつつ、ある人の心的状態について異なる判断を下すことが許されている（cf. ter Hark 2001, pp. 97-8）[16]。

同じ証拠によって、一方の人は完全に確信し、他方の人は確信しない、ということもありうる。だからといって、われわれはどちらの人をも、判断能力のない人、あるいは責任能力のない人として、社会から締め出すことはしない。（RPPII §685）

本章についてまとめよう。内と外という描像を避けつつ、なお心的概念と物的概念の区別を見出すという課題に対し、第三のウィトゲンシュタインは、心的状態に関する判断のゲームと、物的状態に関する判断のゲームのルールの差異にその答えを見出した。前者のゲームには、概念の適用規準の不確実性に由来する、判断の不確実性が本質的に含まれているのに対し、物的状態に関する判断はそうではない。心的／物的という区別は結局のところ、プレイされているゲームのルールの違いとして捉え返されたのである。

（15）このように考えると、心的状態の判断のゲームに関して、客観性の存立する余地はないのかという疑問が生じるだろう。この点については更なる考察を要するが、少なくとも言えるのは、心的状態の判断のゲームの中で客観性が何らかの形で成立するとしても、それは、事物の在りように関する判断のゲーム内の客観性とは異質なものとなるはずだということである。というのも事物の在りように関する客観性は、いかなる証拠を得られたときに当の概念を適用してよいかの規準が明確であることと連関しているからである。したがって、適用規準の不確実性を本質とする心的状態の判断のゲームにおいてはこの意味での客観性は成立しない。

（16）この意味で心的状態の判断のゲームは、絵画や映画といった芸術作品の理解のゲームに近いものと言えるかもしれない。もしこのアナロジーを受け入れるなら、適用規準の本質的な不確実性は、心的状態の判断のゲームに固有の性質ではないということになる。さしあたり、ウィトゲンシュタインならば、美的判断に用いられる諸概念も、心的な概念に分類する可能性があると言うに留めざるを得ない。

第5章　ことばの使用には不確実性が存在するのでなければならない

前章でわれわれは物的／心的というカテゴリーの違いを、それが使用される判断のゲームのルールの違いに即して理解してきた。本章では、両ゲームのルールデザインの違いが、何に由来し、また何を意味するのかについて考察する。ここで検討を加えるのは「心的概念を用いてプレイされるゲームには、ルールの一部として不確実性が組み込まれている」というウィトゲンシュタインの主張である。

誰かのふるまいを観察してその人の心の状態について判断を下すとき、本当は当人がどのように感じているか分からないという不確実性がつきまとっているように見える。あるいは、ふるまいから判断される心のありようについて観察者同士で意見がわかれることもよくある。そしてこうした不確実性は、観察者と被観察者、ないし観察者同士の経験的に得られる情報量のギャップに起因するものとしてみなされがちである。

しかしウィトゲンシュタインは、その不確実性は、はじめから心的概念のうちに埋め込まれているのだと主張する。つまりその不確実性は、情報量のギャップを埋めることで解消される類のものではなく、心的概念を用いる以上避けることのできない不確実性だと言うのである。本章ではこれを「心的概念の不確実性の問題」と呼ぶことにしたい。本章の課題は、心的概念がこの意味での不確実性を避けられないのはなぜなのかを明らかにすること、そして概念に内在する不確実性という観点から心的概念を使ったゲームとそうでないゲームとのあいだにあるルールデザインの差異を理解することにある。

　議論の流れは以下のとおりである。まず1節において、概念の不確実性の問題圏の設定と以降の議論のための準備作業を行ったのち、2節において心的概念の不確実性の問題について論じる。3節では、まず、心電図のモニタリングの比喩を通じて、ふるまいが規則的であるときと不規則なときとで、形成されてくる概念の性格にどのような違いが生じるかを見る（3・1）。ついで、概念が心的と呼ばれるに値するためには、ふるまいの不規則性が前提となることを示す（3・2）。結論として、心的概念が不確実性を織り込んで設計されざるを得ないこと、それゆえ、心的概念を用いたゲームにおいて生じる判断の不一致は、心的概念が健全に運用されている証左と見なされるべきで、解消が目指されるべきものではないことを主張する（3・3）。

1　概念の不確実性とはどのような問題か

1・1　ふたつのタイプの判断の言語ゲーム

はじめに、本章が焦点を合わせる概念の不確実性[1]の問題圏を設定するため、二種類の判断の言語ゲームを導入することにしよう。いま着目したいのは「判断の不一致が生じたときのわれわれの反応の仕方」である。社会学者のデイヴィッド・ブルアは、変則例（abnormal）や他所者（outsider）への対処パターンが有限であることに注目し、その対処パターンに応じて、言語ゲームに類型化を与えることができると論じている[2]（Bloor 1983）。例えばわれわれは、変則例に対峙したときに「無視」や「無関心」によって応じることもあれば、それを脅威とみなして「排除」や「拒否」へと向かうこともあるだろう。また、より複雑な反応としては、変則例に見えるものを変形してノーマルな事例に「同化」するといったものや、ノーマルな事例を拡張して変則例を「包摂」することもありう

（1）今日では、「不確実性」はおもに認識論の文脈において、「不確定性」はおもに意味論の文脈で使用される概念であるように思われるが、ウィトゲンシュタインは「不確実性（Unsicherheit）」と「不確定性（Ur bestimmtheit）」というふたつの表現を区別なく用いている。ウィトゲンシュタインの枠組みにおいては、認識論／意味論の区別自体が存在しないため、現在使用されている両概念の用法とのあいだには、微妙なひらきがある。ただ筆者は、この不確実性／不確定性の問題を『確実性の問題』で論じられた「確実性」との対比において捉えるという動機づけを有するため、ウィトゲンシュタインからの引用以外は、一貫して、「不確実性」というタームを採用することにしたい。

る。われわれもブルアにならいつつ、[3]議論の単純化のために「排除」と「寛容的態度」という両極端の反応によって特徴づけられるような二種類の言語ゲームに焦点を合わせることにしよう。[4]

異なる判断を下す者に対して「排除」でもって応じられる判断のゲームとは、典型的には、世界の現実のあり方の判断に関わるものである。例えば、われわれが「赤い」や「四角い」と判断する物について、それに同意を示さなかったり「青い」や「丸い」と判断したりする者に対しては、光の当たり具合を変えたり立つ位置を変えたりすることによって、判断の一致を促すことになるだろう。けれども、そうした努力にも関わらず判断が収束していかないとき、われわれは、自身と異なる判断を下す者を自身と同じ概念を共有していない他所者と見なすことになるだろう。また単純な計算や数列などの数学的な概念もこの種のゲームプレイで使用される駒の典型と言える。このように、判断の不一致に「排除」で応じられるようなタイプのゲームを「不一致を許容しないゲーム」（A）、そしてゲームAで用いられる諸概念を、便宜的に「客観的」な概念と呼ぶことにしよう。[5]

これに対し、判断の不一致に「寛容的態度」で応じられるようなゲームとは例えば以下のようなものである。いま、Kさんのふるまいから、彼／彼女がどのような心的状態にあるのかについて、友人同士で話し合うという場面を想定してみよう。いま、KさんのHさんに対する特定のふるまいを見て、多くの友人がKさんのHさんに対する好意の情を確信している。そんななかで一人だけは、そのような確信を抱かなかったとしよう。このとき生じている判断の不一致は、先のゲームAにおいて生じた不一致とは性格を異にするように思われる。というのも、この人は、たとえ周囲の人間

から、人の心を推察するのが下手だと揶揄されることがあったとしても、「好き」という概念を理

（2）「他所者に対処するための一貫した方策が、それとわかる社会の型を生み出すのと全く同様に、変則例に対処するための一貫した方策は、各々の言語ゲームに特徴的な容貌を与えるはずである」（Bloor 1983, p. 140）ブルアはこのアイデアを、文化人類学者のメアリー・ダグラス（1921-2007）や、科学哲学者のイムレ・ラカトシュ（1922-1974）から学んでいる（pp. 139-41）。Douglas（1975）は、変則事例に対処する仕方が「無関心」「排除」「包摂」「日和見的態度」の四つに尽きていることに着目し、それに応じて社会の型が生み出されると指摘している。また Lakatos（1976）も、オイラーの定理の妥当性を巡る論争を例に、提示された反例に対する対処の仕方がたかだか四ないし五つのパターンしか存在しないことを指摘している。ブルアは、ダグラスやラカトシュにおいてあくまで経験的な次元で捉えられていたこうした反応パターンを、言語ゲームのルールを規定するアプリオリなものとして捉え返している。

（3）筆者はブルアのアイデアを参考にしてはいるものの、全ての言語ゲームが逸脱事例の反応の仕方に応じて分類可能だとは考えていない。またダグラスが行なったような、逸脱事例に対する反応の差異がどのような機構によってもたらされるのかという原因の分析も本書の主題を外れる。

（4）本章の議論は Hurley（1989）の研究に大いに示唆を受けている。とりわけ、概念には一方の極に、適用判断の一致を強く要求され、実質的な対立の可能性を全く残さないグループ、他方の極に、適用判断の不一致が許容され、実質的な対立の可能性を残すグループがあり、その一方の極から他方の極に至る緩やかな連続スペクトルとして概念の全体像を捉える（chap. 3）というハーリーの視点は、本章の議論全体の指針を与えるものである。

（5）誤解を避けるために付言しておくと、ここでの趣旨は「客観的な概念を使って行われるゲームでは、判断の不一致に対して「排除」で応じられる」ということではない。事態は逆で「判断の不一致に「排除」で応じられるゲーム内で用いられる概念が客観的と呼ばれる」のである。それゆえ、ある概念が客観的か否かは、それがどのようなゲーム内で使用されているかに依存する。「赤」や「四角」といった概念も、判断の不一致が放置されるようなゲームで用いられるならば、「主観的」なものになりうる。主観的と客観的という区別の内実が「他人との意見の不一致とその取り扱いに関するわれわれの実践の在り方の差異」（p. 131）にあるという点については野矢（2012）を参照。

解していないと見なされることはふつうないからだ。このように、判断の不一致に対し「寛容的態度」で応じられるようなタイプのゲームを「不一致が許容されるゲーム」(B)、そしてゲームBで用いられる諸概念を便宜的に「主観的」な概念と呼ぶことにしよう。[6]

本章における筆者の問題意識は、両ゲームのルールデザインの違い、とくにゲームAの一種である「物」に関わる判断のゲームとゲームBの一種である「心」に関わる判断のゲームのルールデザインの違いにある。[7] ゲームAとは異なり、なぜゲームBにおいては互いの判断の不一致が認められ、異なる判断を下す者に対しても寛容な態度が取られるのだろうか。多数の人が喜んでいると判断するところでそのように判断しない者への反応と、赤を赤でないと言う人に対する反応はなぜ同じではないのだろうか。

晩年期のウィトゲンシュタインが論じた概念の不確実性の問題[8]とは、このゲームBで用いられる心的概念に関わるものである。この問いに対するウィトゲンシュタインの回答は先に述べたとおり「心的概念のうちには、適用規準の不確実性が本質として含まれているから」というものになる。彼の見立てによるならば、心的状態の判断において不一致が許されるのは、心的概念の適用規準が、画一的にならないことを織り込んだ設計になっているからだと言うのである。だから心的概念に関して言えば、人によって適用判断に食い違いが生じることは、その概念が健全に機能している証であり、なぜズレが生じているのかと問うこと自体がどこか的を外しているということになる。

以降の議論の課題は、ウィトゲンシュタインのテキストを元に、心的概念に不確実性が織り込まれざるを得ないのはなぜかを明らかにし、さらに概念に織り込まれた不確実性の有無という観点から、ゲームAとBのルールデザインの質的な差異を理解することにある。その本格的な作業は3節で行うこととし、以下では「概念のうちに適用規準の不確実性が含まれている」という主張の意味についてもう少し説明を加えておくことにしよう。

再び、Kさんの心的状態についての話し合いで生じる判断の不一致について考えてみる。われわれはいまこの不一致を、心的概念に本質的に含まれる適用規準の不確実性に由来する事態として処

---

(6) ウィトゲンシュタインは次のように述べている。「同じ証拠によって、一方の人は完全に確信をし、他方の人は確信しない、ということもありうる。だからといって、われわれはどちらの人をも、判断能力のない人、あるいは責任能力のない人として社会から閉め出すことはしない」(RPPII §685)

(7) ゲームBには、心的状態の判断以外にも、たとえば、趣味判断や美的判断のようなものも含まれうる。したがって、判断の不一致が許容されるゲームであるからと言って、必ずしも心的状態の判断にかかわるとはかぎらない。しかし心的状態の判断をしているならば、それは必ず不一致が許容されるようなルールのもとで行われる。

(8) これと似たようにも思われる問題として「曖昧性(vagueness)」の問題がある。周知のとおり、曖昧性とは、鮮明な境界線が存在せず、「境界線事例(borderline case)」が生じる事象であるが、筆者は基本的には両者を、別の問題として理解している。たとえば曖昧性の場合には、確実に述語Fが当てはまるケースと、確実に述語Fが当てはまらないケースの存在が想定されている。言い換えれば、それについての判断を共有していなければ、概念を正しく習得しているとは言えないような典型的な事例の存在が前提となっている。それに対し、ウィトゲンシュタインが論じている概念の不確実性の問題は、そもそも、そうした判断が一致しなければならない典型事例自体が、成り立たないことを示唆しているように思われる。

理することを目指している。だがこうした不一致についてはふつう、次のように考えて然るべきではないだろうか。つまりこのメジャーな判断を下した人とマイナーな判断を下した人とでは、所有している経験的な情報の量に違いがあると見なすべきではないだろうか。例えばこのマイナーな判断を下した人は、Kさんとの付き合いが浅く、Kさんの心的状態を適切に判断するための判断材料を持ち合わせていなかったと考えることは、至極穏当な見解であるように思われる。こうした「ある概念が適用されうるか否かを決定するための十分な情報を欠いていることに由来する、認識的な不確実性の一形式」(ter Hark 2001, p. 95) をウィトゲンシュタインは「主観的 (subjektive) な不確実性」(cf. LWI §§887-8; LWII p. 23) と呼んでいる。

ところで情報の量に限らず判断の不一致を何らかの要因(の差異)に訴えることで説明するというモチベーションの背景には「その要因を制御さえすれば、判断は収束していく」という暗黙の想定がある。このケースで言えば、「共有している情報量が等しくなれば、心の状態について同じ判断に至るはずだ」という想定があるからこそ、その判断の不一致を情報の量の差異によって説明することができると見なすのである。

これに対しわれわれは、この判断の不一致を「概念に適用規準の不確実性が織り込まれている」(LWII p. 70) ことに由来する「客観的な不確実性」(LWI §888) の問題として扱おうとしている。それが意味しているのは、「たとえいかなる条件を制御したとしても、心的状態の判断が収束することはない」ということだ。つまりこの不一致をそれ以上遡及して説明することができない「ゲームの本質」（LWI §888）ないしゲームの限界に属する事柄として捉えようとしているのである。

たとえば、収束を目指すゲームAにおける色判断の不一致は、観察者同士の空間的位置や身体状況の違いによって説明をすることが可能かもしれない。だがゲームBにおける心の状態の判断の不一致には、色の判断の不一致における観察者同士の空間的位置や身体状況に相当するものは存在しない。したがってわれわれは、心的状態の判断の不一致を何らかの経験的な要素に訴えることで解消可能な「主観的な不確実性」の問題として捉えることを拒否する。それはゲームAとゲームBという質的に相容れないルール同士の混同ないしは不当な乗り越えなのである。

2 「規準」概念解釈

ウィトゲンシュタインは、心的概念の不確実性の問題をしばしば、心的概念の「規準の不確実性の問題」と呼んでいる（LWII pp. 70, 86-7）。この後期ウィトゲンシュタイン哲学の核をなす「規準（criterion）」概念はしばしば、「いかにして外的なふるまいが、他者の心的状態について知っているという主張を正当化しうるのか」という認識論的な観点から解釈されてきた（McGinn 2013, pp. 205-6）[9]。だが、こうした解釈はいずれも、心的状態の判断において生じる不確実性の問題を「主観的な不確実性」の問題として処理しようとしている。以下では、ライトとマクダウェルの主張を瞥見し、それらが対照的な主張でありながらも、いずれも「客観的な不確実性」の可能性を排除しているという点を確認しておこう。

まずウィトゲンシュタインの用いる「規準」概念の内実を押さえたい。この概念は「兆候(symptom)」概念との対比において、以下のように導入される。

ある初歩的な混同を避けるために、対照的な二つの言葉を導入することにしよう。「かくかくであることがどうして分かるのか」という問いに対し、「規準」をもって答える場合もあれば、「兆候」でもって答える場合もある。ある特定のバクテリアによって引き起こされた炎症が医学ではアンギーナと呼ばれているとして、具体的なケースにおいて「この人がアンギーナに罹っていると言えるのはなぜか」と尋ねるとき「彼の血液中にこれこれのバクテリアを見つけたから」という回答は規準、あるいは定義的規準とでもいうべきものを与えている。他方でその回答が「彼の喉が炎症を起こしているから」というものなら、これはアンギーナの兆候を与えている。(BB 24-5／邦訳 57 頁)

患者がアンギーナに罹患しているということがどうして分かるのかという問いに対して、喉の炎症を引き合いに出すことと、バクテリアの検出を引き合いに出すこととでは、その回答に与えられる位置づけが全く異なることがここで強調されている。というのも喉の炎症は、アンギーナとは別の要因によるもので実際にはアンギーナには罹患していなかったというケースが考えられるのに対し、血液中のバクテリアの場合には、特定のバクテリアが検出されたにも関わらず、アンギーナに罹患していないという可能性がここでは存在しないからである。

喉の炎症とバクテリアの検出が、アンギーナに対して有している関係の身分の差異は、一言で言えばそれらが「アンギーナ」という概念の意味を内的に構成しているか否かという点に求められるだろう。アンギーナへの罹患という事態の把握のうちには、特定のバクテリアの検出という事態が含まれているのに対し、喉の炎症の場合はそうではないのである。バクテリアが検出されたならば、それは医者にとっては患者のアンギーナへの罹患を確信すべき状況であり、「この患者はアンギー

(9) こうした解釈の背景には、他者の心的状態における懐疑論を拒絶するというモチベーションがある。この路線と一線を画した解釈を打ち出したのが、Cavell (1979) である。カヴェルによれば、ウィトゲンシュタインが「規準」概念に訴えるのは、懐疑論を拒絶するためではなく、むしろ、「規準が〔いつか〕底に達すること」(p. 412) を示すことにある。そして他者の心についての懐疑を完全には排除できないということが、心的概念を用いた言語ゲームにとっては本質的であると解釈している。このように、本書で扱う心的概念や心的概念を用いたゲームに内在する不確実性という主題をウィトゲンシュタインのリマークのなかに正しく見出したのはカヴェルが最初である。だがカヴェルは、他者の心的状態にかんしてわれわれは懐疑主義を生きざるをえない (p. 432) と主張することによって、結果的に、他者の心的状態について日常的にわれわれが抱く懐疑と、懐疑主義者による哲学的懐疑というウィトゲンシュタインが蔑ろにしない区別をうやむやにしてしまっている (McGinn 2004, p. 244)。カヴェルの議論の概要については、荒畑 (2016) も参照。

ナに罹患しているかどうか分からない」あるいは「罹患していないかもしれない」と抗言する人は、逆に、そのような懐疑に導かれる理由を明示する必要があるということになる。

2・1　ライトによる棄却可能性解釈

次に他者のふるまいを観察して、心的概念を適用するケースを見てみよう。例えば、頬を押さえて泣いている子どもがいるとする。このとき、子どもが口腔部に痛みを抱えていることは一見すると確からしく思われる。この判断においては「頬を押さえ泣いている」ことが「痛み」概念のひとつの規準になっている。しかしこの判断が常に正しいとは限らないだろう。子どもは、何らかの意図をもち、誰かを欺くために痛がっているふりをしているのかもしれないし、単なるイタズラ心で、痛みがある時と同じようにふるまっているからかもしれないからだ。つまり、頬を押さえて泣いているにもかかわらず、この子どもが痛みを抱えていないというケースが容易に想定できるのである。

ここにアンギーナのケースには見られない問題が生じる。先に述べたように、ウィトゲンシュタインの言う規準とは、あくまで概念同士の間に成り立つ論理的ないし内的な関係であった。では、一方で（i）証拠立てられるものの意味を内的に構成しつつも、他方で（ii）証拠立てられているものの成立を必ずしも保証しないような関係とは果たしてどのような関係なのだろうか。

この一見すると矛盾した事態について、多くの論者が「文法的によい証拠（grammatically good evidence）」（以下 *GGE*）という折衷案に訴えることで解決を試みてきた。[10]

*C*は*P*が成立していることの規準である。
⇕*C*は*P*が成立していることの文法的によい証拠である。（*GGE*）

この*GGE*は、*C*が*P*の意味を内的に構成するという点は確保しつつも（grammatically）、*C*を*P*の成立を保証する証拠としてではなく、あくまで「よい証拠」であると見なす。よい証拠と言われるのは、特殊な文脈を考えない限りは、*C*が成立していることをもって*P*であることを主張して差し支えないが、この証拠関係は将来的に棄却される可能性（defeasible）に晒されていると考える。この*GGE*見解を取るC・ライト（1942-）は、規準とは本質的に棄却可能なものであるとして、次のように述べている。

その規準に基づいてなされた主張が、その規準が確かに満たされているという信念を維持することと整合しつつも、後々になってから放棄されるということがありうる。（Wright 1986, p. 97）

（10）この*GGE*という名称は、Loomis（2007）から借用している。ルーミスはこの*GGE*見解をとる伝統的な研究として、Shoemaker（1963）、Lycan（1971）、Wright（1982）、Hacker（1993）、Tomassi（2001）などを挙げている。（pp. 240-1）

ライトの見解を先のふりのケースに適用すればこうなる。頬の押さえや泣き声といった規準は、「痛み」の概念を構成しており、それは痛みの存在を主張するための証拠となる。しかしこのケースでは、ふりをしているという特殊な状況のせいで、頬の押さえや泣き声といった規準が成立しているにも関わらず、痛みは実際には存在せず、その証拠関係は棄却されてしまうのである。

2・2 マクダウェルによる棄却不可能性解釈

このGGE見解とは対照的に、規準を本質的に棄却可能なものと考える必要はないと主張するのがJ・マクダウェル（1942-）である。マクダウェルによれば、「Pのための規準Cが充足されているにも関わらず、Pが成立しない」という可能性を認めるということは、Pだと知っているということが規準Cによっては必ずしも正当化されないことを意味する。しかしマクダウェルにとってこれは受け入れられない。

子どもが痛がっているふりをしているケースに再度目を向けよう。ライトによれば、証拠関係自体が棄却されるにしても、それでも痛みの規準C自体は問題なく成立していると考えている。しかしマクダウェルによれば、ここでは規準Cがそもそも成立しておらず、当然その証拠関係も棄却されていないと言う。子どもは、規準Cがあたかも成立しているかのようにふるまっているだけなのである。

両解釈の差異は、本当に痛がっていることと痛がっているふりをしていることとの関係をどのように理解するのかという観点から捉えることが出来るだろう。ライトは後者を、前者を原型とするひとつのヴァリエーションとして把握している。そして本当に痛みを抱えている状況においては成り立つはずの規準CとPの間の証拠関係に、ふりという要素が追加されることでその関係が棄却されると考えている。これに対し、マクダウェルは、前者と後者で成立している状況を、ふりの意図の有無だけで区別されるような単純な差異ではなく、全く異なる状況として捉えている。マクダウェルの見解に従えば、ふりのケースを持ち出すことで、規準を棄却可能なものと考える必要は全くない。規準の関係はあくまで棄却不可能なものなのである。

2・3　両解釈の問題点

ここではこれ以上両解釈の細部に立ち入ることはせず、両解釈に共通する問題点のみを指摘しておきたい。それは「アンギーナ」における規準と他人の「痛み」における規準とが同一の次元で成立することに、両解釈とも全く反省的でないという点にある。つまりアンギーナと痛みが、文法的に全く異なっており、アンギーナにおいて成り立つ確実な規準が、痛みにおいてはそもそも成立しないかもしれないという可能性が全く検討されていないのである。[11]

マクダウェルの場合には、規準をあくまで棄却不可能なものであると論じることによって、心的概念においても「アンギーナ」と同様の確実な規準が（それが経験的に得られるかどうかは別問題として）成立することに疑問を抱いていないように見える。またライトも、より強力な証拠の出現によって棄却されるという意味で、心的状態の判断には不確実性が取り巻いていることを認めるものの、そこでの不確実性とは、得られている証拠の不足によってもたらされる経験的なものに過ぎず、アンギーナの規準と痛みの規準はあくまで同列に論じられている。端的に言えば、心的概念の適用をモデルに規準概念の解釈がなされてきたにも関わらず、『ラスト・ライティングス』で論じられている、客観的な不確実性という可能性が無視されているのである(12)。

このように、心に関わる概念とそうではない概念の文法の質的差異について、ウィトゲンシュタインは次のような仕方で注意を促している。

〔感情表現の判断において〕人々の間に、確信の確実性について一致が存在し、ないということは、われわれの概念の構成を決定する際の助けとなるに違いない。(色彩判断における一致、および数学における一致についての所見と比較せよ。)(RPPII §684)

ここで語られているウィトゲンシュタインの問題意識は次のように言い換えることができる。すなわち、なぜアンギーナの判定や色彩の判断や数学においては成立しうる確信の一致が、心という領域においては成立しないのか。以下でわれわれは、確信の一致が存在しないという事態を、確信の一致が成立するケースと比較したうえで、確実性の欠如や「欠陥」として見なすのではなく(cf. RPPII §657)、むしろ心的概念を積極的に特徴づけるものとして捉えるつもりである。次節では、ウィトゲンシュタインのテキストを参照しつつ、心的概念に不確実性が織り込まれざるを得ないのはなぜなのかを考えていくことにする。

3　心的概念の不確実性

いま述べた通り、ウィトゲンシュタインが心理学の哲学の文脈で論じている不確実性とは、概念適用（application）の次元ではなく、概念規定（determination）の次元に属する「客観的な不確実性」であった（cf. RFM-VI §8）[13]。だがなぜ、概念適用の次元ではなく、概念規定の次元に不確実性を織り込んでやる必要があるのだろうか。あるいは同じことだが、心的状態の判断における不一致を、なぜ実際の適用の次元においてではなく、そもそもの概念設計の次元において解消しようとするのだろうか。ここには「我々の諸概念には、我々の生活が反映されている」（LWII p. 72）という洞察が

（11）山田（2009）は、「ウィトゲンシュタイン最後の思考の眼差しはむしろ、「痛み」や「喜び」といった心的概念が「アンギーナ」や「椅子」という概念とどのように異なっているのか、という点にこそ向けられていた」（p. 206）と述べている。

（12）じっさい規準概念の解釈研究については、『青色本』や『探究』への言及こそ多いものの『ラスト・ライティングス』は、ほとんどかえりみられることがない。

大きく関わっている。

『探究』の、概念と生活とのあいだに成り立つ内的関係——本質的に異なった生活だけが本質的に異なった概念を産み出す——を強調した言語観（cf. PI §19）は『ラスト・ライティングス』においてもなお保持されている。そこでは「生活形式（Lebensform）」という語は鳴りを潜め、新たに「生活パターン（Lebensmuster）」（cf. LWI §§211, 365; LWII pp. 40, 42-3）というタームが採用されている。だがこのタームによってウィトゲンシュタインが焦点を合わせるのは、われわれの生活の規則性ではなく、むしろその不規則性である。

ある生活パターンがある言葉の使用の基礎になっているとすれば、その使用には不確定性が存在するのでなければならない。実際、生活パターンとは厳密な規則性ではない。（LWI §211）

もし概念がわれわれの生活パターンを反映したものであるならば、しかもその生活パターンが単純で規則的なものばかりでなく、複雑で不規則なものでもあるとすれば、そうした不規則な生活パターンを反映したような概念が存在するのでなければならない。[14]ここに、適用規準の不確実性が織り込まれた概念が要請される理由がある。[15]そして「悲しみ」や「喜び」等々の心的概念は、まさにこのような仕方で要請されるものだということを示すのが、本節の課題となる。

3・1 ふるまいのパターンを検出する——心電図の比喩

はじめに、他者の心の状態について推察するゲームが他者のふるまいの観察を通じてなされるものであるという前提を確認しておきたい。「心」という概念が観察者による心的状態の帰属という実践のなかで規定され、しかもそうした実践が他者のふるまいの観察を通じてなされる以上、心的

（13）注9で述べたように、心的概念の不確実性という主題に最初に着目したのはCavell（1979）であるが、その主張は、日常的な懐疑と哲学的な懐疑、そして心的ゲーム一般を特徴づける不確実性と、個別の具体的なケースにおいて問題となる不確実性という区別を蔑ろにしてしまっていることが、McGinn（2004）によって批判されている。同じ主題について、例えばter Hark（2000）は、主観的／客観的不確実性の区別を整理したうえで、心の哲学の文脈でウィトゲンシュタインに行動主義や消去主義の立場を帰属する解釈が、客観的な不確実性を強調するウィトゲンシュタインの立場と整合しないとして、これらをしりぞけている。また「生活パターン」という観点から、心的概念の不確実性の問題にアプローチしたのも、ハークのこの研究が初めてである（同様のアプローチがter Hark（2001, 2004）にも継承されている）。しかしハークは、心的概念の不確実性と生活パターンの不規則性とのつながりを強調しつつも、不規則であることがどのようにして不確実性を帯びた概念の形成へとつながるのかについて詳述を避けている。また、心的概念の適用規準が曖昧なものにならざるをえないという主張に留まることで、多義的であることが心的述語にとって本質的である点に注意が払われてない。本章はハークのアプローチを継承しつつ、後述する心電図の比喩（絨毯の比喩）に即して、ふるまいの不規則性が、不確実性を本質とする心的概念の形成にどのように寄与しているかを明らかにし、Bloor（1983）や野矢（2012）らの言う「異なる判断が許容されるゲーム」として心的状態の判断がプレイされる理由を、不規則性という観点から説明するという位置づけをもつ。また、不確実であることをポジティブな事態として捉えることに焦点を合わせ、ウィトゲンシュタインとメルロ＝ポンティの哲学の類比性を論じたやや異色の研究としてCerbone（2017）がある。同主題の先行研究としては、注14も参照。

概念はわれわれのふるまいのパターンを――それが不規則なものにせよ、規則的なものにせよ――何らかの仕方で反映して形成されたものでなければならない。このゲームにおいてプレイヤーがしている心的概念の適用判断とはつまるところ、時事刻々と進展していく被観察者のふるまい全体のなかから、特定のふるまいのパターンを検出する作業ということになる。

以上の点を認めるならば、心的状態の判断をウィトゲンシュタインのように絨毯の上に浮かび上がる模様の読み取り作業[16]に比すことが許されるだろう。ただ以下では、不断に進展していく「生活の流れ」(LWI §913; LWII p. 30)というダイナミズムを強調するために、心電図のモニタリングの比喩を採用することにしたい。この比喩に則して、概念の形成とパターン認識という事態についてしばらく考えてみよう。

まず、一定のリズムで打つ健康な心臓の心電図をモニタリングする時のことを考えてみたい。一般に、健康な心臓の心電図は、小さい波↓下向きの尖った波↓上向きの尖った波↓下向きの尖った波↓少し大きな波を一定の周期で繰り返すことが知られている(cf. 佐藤 2018)。いま、議論の単純化のために、我々がモニターしている心電図にはこうした規則的な波形しか映しだされないと仮定しよう。このような規則的なパターンをリソースに形成されてくる概念はどんな性格をもつだろうか。

規則的な反復によって、そのパターンの始まり(小さい波)と終わり(少し大きな波)が明瞭となることから、このパターンに対して割り当てられる概念(例えば「正常波」)は、その境界がシャープなものとなることだろう。どこからどこまでがひとつのまとまりを形成しているのか、いつそのパ

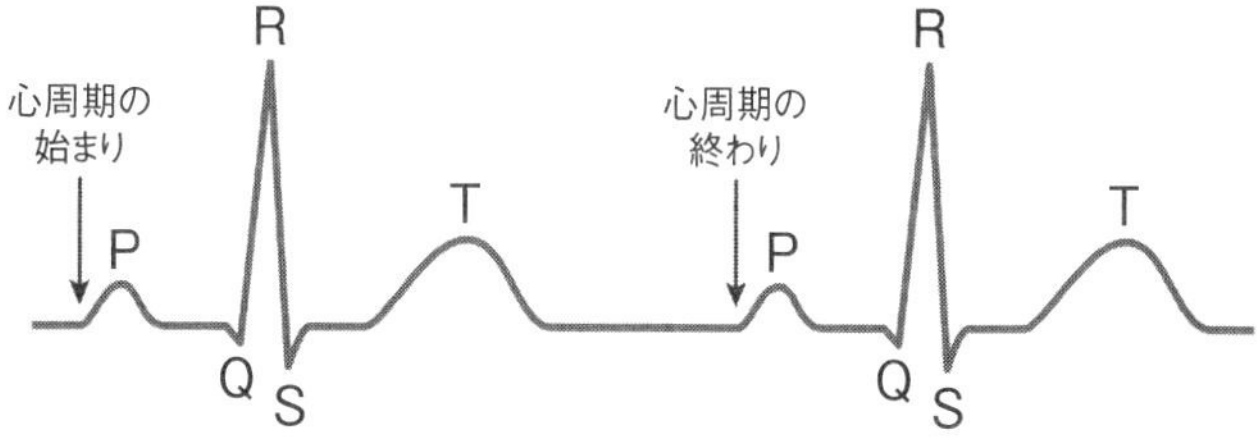

心電図の標準的な波形

ターンが表れているのか等々について、白と黒とがはっきりするのである。またそのパターンが確定することによって、そのパターンを構成する各要素についても、概念が割り当てられるかもしれない。（実際、こうしたパターンの各々の構成要素に対して、P波、Q波、R波、S波、T波と名前がつけられている。）そこで形成される概念もまた、境界のシャープなものとなるだろう。

このように「規則的な流れ」があるところで成立する概念とは、境界が「厳格（starr）」、「明確（scharf）」（LWI §§246, 267）であり、その適用規準は確実なものとなる（cf. RPPII §653）。それゆえ、その波形をどう見なければならずどのような概念を適用しなければならないかに関して、概念使用者に課せられる要求も非常に大きなものとなる。それゆえ正常波の生起について、判断の食い違いが存立する余地はない。正常波を読み取るべき状況でそれを読み取らない者は、そもそも「正常波」という概念を所有しているというステージに立てないことになる。

次に、心電図に映し出される波形に不規則性が紛れ込む状況について考えてみよう。例えばこんな調子である。まずフラットな状態から比較的小さな波がきて、上向きの尖った波、下向きの尖った波、比較的大きな波が続く。そしてまた小さい波がやってくる。だが今度は先とは違い、比較的大きな波が最初にやってきて、次いで尖った波がやってくる。そしてまた小さい波が現れるのだが、今度はフラットな状態がしばらく続いたのち、ようやく尖った波が現れる。さらに大きな波、小さい波ときたのち、今度は先ほどとは波の高さが倍もあるような尖った波がやってくる。

このように、波の現れる順番や波同士の間隔、あるいは波の高さが一定でない心電図の中から、われわれが概念を彫琢してくるとしよう。こうしたケースにおいては、先のケースとは違いどれをひとつのパターンとして見なすかに関して様々な選択肢が存在することになる。いま仮に、先のケースと同様、小さい波→下向きの尖った波→上向きの尖った波→下向きの尖った波→少し大きな波という緩やかなまとまりに対してひとつの概念を割り振るとしよう。だがそのような完全で理想的なパターンがこの心電図の世界の中で見出されることはない。様々なゆらぎやノイズを含んだ「不完全」なパターンだけが繰り返し現れることになる。このとき、ある特定のパターンをこの理想型のひとつのヴァリエーションと見なすのか、それとも、その理想型とは区別された別のパターンと見なすべきなのか、あるいは、そもそも何のパターンも形成していないと見るべきなのか等々について、画一的な規準というものは存在しない。[17] このように不規則性を背景として形成された概念は、その境界が「柔軟（elastisch）」、「曖昧（vage）」、「しなやか（biegsam）」（cf. LWI §§243, 246; LWII p. 24）」なものとなり、それに応じて、パターン認識＝概念適用においても不確実性が必ず紛れ込む

（14）心的概念に内在する不確実性は、「ふりをする」概念との関連において論じられることも多い。例えば山田（2009）

は、痛いふりをすることが何らかの合理的な意図を背景にして行われること、その意図を帰属するには、彼の「人格」にかんする全体的な理解が不可欠であること、そして、そうした人格の理解の仕方は、この彼に対してのみ通用するもので、証拠の規則として一般化することができないことを理由に、心的状態の判断が、人びとのあいだで一致をみないことがありうると述べている（pp. 212-3）。また古田（2006）も、ふりをすることのような「虚構的概念」の習得および虚構的概念が織り込まれたゲームをプレイできるようになることが「心をもった」ということであり、相手の言葉の抑揚や表情の陰影、身振りなどを観察する「証拠のゲーム」は、生活がシンプルすぎる犬などの動物に対しては通常行われず、ふりをする可能性込みの、複雑な生活を送る者に対してしか行われないと述べている（pp. 119-20）。筆者は、心的概念の端緒と見なされてきたこの「ふり」概念を、われわれの生活パターンの不規則性を増大させる契機のひとつと見なしたうえで、「不規則性」というより一般的な概念に、心の端緒を見出すことを目指している。そしてこの生活パターンの不規則性という観点から、被観察者ごとに、一般化できない固有の仕方で心的状態の判断をすることを余儀なくされることが説明される。

（15）大胆に言ってしまえば、不確実性が織り込まれた概念とは、われわれの生活パターンの不規則な側面――ウィトゲンシュタインはこれを「ゆらぎ（Schwanken）」（cf. LWI §§243, 953; LWII p. 81）と呼ぶ――をも規則のうちに取り込んでしまっている概念ということになる。

（16）ウィトゲンシュタインは、われわれの生活全体を一枚の「絨毯（Teppich）」に見立て、心的概念の適用を、その絨毯上の図柄の読み取り作業に比している。（cf. RPPII §§651-2, 672-3）この比喩を通じてウィトゲンシュタインは、図柄の背景に不規則性が紛れ込んだときに、図柄の認識の仕方が一様でなくなり、不確実性が紛れこまざるを得ないことに焦点を合わせている。以下を参照。「「ある概念が、特定の生活の型に結びついているとすれば、その概念には確定性が存在するのでなければならない」。そう言う際に私が考えているのは次のようなことである。細長い生地の上に規則的に続くパターンが描かれており、そのパターンを背景にして、パターンの上に不規則なスケッチないし絵画が描かれている。我々はそのスケッチないし絵画をパターンと結びつけて記述する。なぜなら、我々にとって両者の結びつきが重要だからである。パターンがabcabcabc…と展開するものだとすると、私はたとえば、ある箇所のcの上にある赤い何かや、その右隣のbの上にある緑色の何かのための特殊な概念をもつだろう。いま、パターンのなかに変則的な事例が一旦生じてしまえば、どう判断を下すべきか私は決めかねてしまうだろう。…」（LWI §206）

ことになる。ここには本来探り当てられるべき唯一の正しい見方というものは存在せず、その観察者の態度にも部分的に左右されるような様々な見方が存在するだけだということになる。

次にここまで心電図のモニタリングに即して見てきたことを、今度はふるまいの観察の領域へと投げ返してやろう。すると以下のような事態が想像できるのではないだろうか。人間のふるまいのパターンがゆらぎを含んだ不規則なものであるならば、それを背景に形成された心的概念とは、適用規準の不確実なものとなる。そしてこうした概念を使ってなされる判断のゲームにおいては、不一致の発生はむしろデフォルトの事態なのだ、と。

3・2　規則的なふるまいには表情性が欠落する

だが問題は、心的概念が成立するためにふるまいの不規則性が本当に必要となるのかということである。ウィトゲンシュタインによれば、被観察者のふるまいのパターンが不規則であり、観察者にとって「予測不可能（nicht-Vorhersehbarkeit）」であることは、「心」という概念にとっての「本質的な特徴（wesentliche Eigenschaft）」（LWII p. 65）であると言う。端的に言えば、「心」が帰属されるためには、その存在者のふるまいのパターンは不規則なものでなければならないし、「心」を帰属する観察者にとっても、それは予測不可能なものでなければならないということになる。だがなぜこのように言えるのだろうか。端的に言えばそれは、被観察者のふるまいが規則的であると想定したとき、ふるまいという「外面」の次元とは別に、「内面」としての心的な次元を設定することにそもそもポイントが無くなってしまうからである。

もう一度、波形パターンが規則的である状況を考えてみよう。このような状況で成立する概念とは、明確で、固定された境界（RPPII §§622, 683）をもつ、適用規準の明確なものであった。これは言い換えれば、その波形が「一義的」（cf. LWII p. 63）なものとなることを意味する。同じように、われわれ人間のふるまいパターンが規則的であるならば、各々のふるまいもまた、「一義的」なものとなることが予想されるだろう。だが、ふるまいが一義的になることが意味するのは、心をもつ者にとって本質的である「表情」の喪失である。

ウィトゲンシュタインは、ふるまいが多義的でそれゆえ多様な解釈に開かれていることこそが、

（17）2節でみたようにライトとマクダウェルによる規準概念の解釈の違いは、「ふりをすること」をどのように位置づけるかという点にあった。ウィトゲンシュタインは、模様の比喩に訴えることで、実際に特定の心的状態にあることと、そのようなふりをすることの区別を、単純な模様パターンと、その単純な模様パターンからいくつかの要素を借りて出来上がっている複雑な模様パターンの違いとして理解している。たとえわれわれの目を遮るものが何もないとしても、絨毯の模様が例えば他の模様と絡み合っていたり、典型的な模様から逸脱したりしていれば、その読み取りは非常に困難で微妙な作業となる。同じように、痛みをかかえていることと、痛みのふりをすることとの見分けは、たとえ経験的な情報量に不足がないとしても、なお困難な作業となりうる。ライトとマクダウェルが――たとえ具体的なケースにおいて判断できなくても――痛んでいるのか痛みのふりをしているのかを区別するための完全な証拠や情報というものを暗黙裡に想定しているのに対し、ウィトゲンシュタインは、極端に言えば、そのような完全な証拠や情報が成立することによって、心的述語全般が「心的である」ということのポイントを失うと主張している。

ふるまいとは別に心という概念が要請されるための重大なポイントであることを、以下のような思考実験を通じて提示してみせる。いま、ふるまいのパターンの典型として、もっぱら顔の部分にのみ着目をすることにする。[18] 観察者がその顔に内面の表出として表情を読みとるためには、当然のことながら、顔は「可変的（Veränderlichkeit）」でなければならないだろう[19]（cf. RPPII §§615, 627）。（微動だにしない顔の不気味さというものを想像して欲しい。）だがその変化が、ある配置の次には別の配置が来て、さらに別の配置が続くというものだったらどうだろうか（cf. RPPII §614）。例えば、目は細められ、眉間には皺が寄って、口はすぼめられているのがいま観察されているのだが、次の瞬間には、目は見開かれ、口の両端が後上方に一定の角度にまで引きあげられ、そして次の瞬間には、平常の状態に戻る、という具合に、である。健康な心臓の心電図のように、その運動パターンが定期的に反復し、しかもその予測が裏切られることがないとしたら、その顔は、現に観察者に見えている以上の奥行き、「外面」と対比された意味での「内面」をもつことのない「自動機械」（cf. LWII pp. 65-6）のように観察者に映るに違いない。この意味において「不規則性は相貌（Physiognomie）の一部」となっている（RPPII §615）と言える。

同様のことは、顔以外のふるまいのパターン全般について当てはまる。

可変性（Variabilität）それ自身が、欠くことのできないふるまいの特徴なのであり、それがなければ、ふるまいはわれわれにとって全く違ったものとなることであろう。（例えば、悲しみの

特徴的な顔つきは、その可動性（Beweglichkeit）よりも意味のあるものではない。）（RPPII §627）

「苦悩」とは、生活という織物のなかに繰り返し現れる一パターンを記述するものだ。ところで、このパターンには経過というものも含まれる。もしも一人の人間のなかで、悲嘆と喜びの身体表現がたとえばメトロノームのカチカチ音と共に交代するとしたら、悲嘆のパターンも喜びのパターンも生み出されないことになるだろう。（LWI §406）

規則的な運動を繰り返す顔に「表情」が宿らないのと同じく、悲嘆と喜びの規則的な身体表現もまた表情性を欠くことになる。ウィトゲンシュタインの言葉を借りるならば、こうした存在者の挙動には「微妙な陰影（fein Abschattung）」（RPPII §616; LWII p. 65）と呼ぶべきものが欠落しているのである。[20]

（18）生活パターンのひとつのモデルとしての顔の表情への着目については、ter Hark（2004）を参照した。

（19）ter Hark (2004) によれば、『心理学の哲学 1』のたたき台となった草稿（MS 134）で、ウィトゲンシュタインは、ダーウィンが『人及び動物の表情について（*The Expression of the Emotions in Man and Animals*）』（1872）で提示した三つの原理のうち、二番目の「反対の原理」（愛と憎しみのような正反対の心的状態は、正反対の動作によって表現される）にダーウィンの名前と共に言及している（pp. 166-7）。ダーウィンは、この反対の原理について述べたある箇所で、「表情の本質は、絶え間ない揺らめく運動（continuous flexuous movement）のうちにある」（p. 56）と述べており、ハークは、顔の表情について考察する際に、ウィトゲンシュタインがダーウィンの影響下にあったことを示唆している。

ふるまいが、単なるふるまいという次元を越えて、何らかの心的状態の表出としてみなされるためにはそれは一義的であってはならない。表情性（多義性）をもっているからこそ、単なるふるまいという次元を超えて他者の中に「心」を設定することにポイントが生まれるのである。心が、他者への心的状態の帰属という実践の中で規定されるならば、そして表情をもたない存在者に対してわれわれが心を帰属することがないならば、表情を欠いた存在者が心をもつことはない。それゆえ、表情を成立させるふるまいの不規則性こそが心という概念にとって本質的なのである。[21]

ここで本章の当初の問題設定へと立ち返ることにしよう。われわれの問題意識は判断の不一致に対し「拒絶」と「寛容的態度」という対照的な反応がとられるゲームのルールデザインに関わるものであった。なぜ判断の不一致が許容されるようにデザインされたゲームと、そうでないゲームとが存在するのか。われわれは今やこの問いにひとつの回答を与えることができる。概念には、これまで検討してきた心的概念のように、不確実性を織り込んで設計がなされているタイプのものと、確実性が織り込まれその適用判断について皆が一致することを本質とするタイプのものとが存在するのである。[22]それゆえ、どちらのタイプの概念を使ってゲームがなされるかによって、判断の不一致に対して与えられる身分も変わってくることになる。一致を本質とする概念（例えば数学的概念）の適用判断においては、その不一致は、当然、本来あってはならないもの、したがって解消されるべきものとして位置付けられる。そしてその不一致が、何によって生じているのかを探ることにはきちんとしたポイントがあるだろう。それに対し、不確実性が織り込まれた概念の適用判断における不一致は、言うなれば、概念が健全に運用されていることの証なのである。[23]それゆえ、ズレがなぜ生じているのかという問い自体がここでは必ずしも意味をもつわけではない。[24]この差異は、さら

(20) 逆に言えば、どれほど人間とは異なる見かけをしていても、不規則なふるまいを示す存在者が「心」をもつ可能性があるということである。以下のリマークを参照。「人間の姿はしているのだが、〈機械的に〉振る舞う存在者よりも、犬のほうがよほど人間らしい」(RPPII §623)。

(21) 本章の狙いは心的概念の必要十分条件を与えることではなかった。ここでの主張も、「多義的であれば、心である」というものではなく(多義図形であるからといって心が要請されるわけではない)、心的概念があくまで「心的」と呼ばれるに値するためには、それは多義的でなければならないというものである。

(22) 「訓練」や「反応の一致」の意義を強調するウィトゲンシュタインの言語観はしばしば「概念の習得という事態に対して負荷をかけすぎるあまり、概念の適用上の不一致を全て生活形式の不一致に回収してしまい、実質的(substantive)な対立の可能性を排除している」という批判に晒されがちであるが、これは誤解である。この点については、Hurley(1989)pp. 30-54 を参照。またここでは、対照的な二類型の存在を示唆しているだけで、あらゆる概念がこのいずれかに分類されるという二分法を主張しているつもりはない。

(23) Gallie(1955)は、適用判断が食い違い、論争が生じることを本質とするような「本質的に論争的な概念(essentially contested concept)」の存在を示唆している。ガリーはそうした概念の特徴として七つを挙げているが、その内のひとつに、その概念が評価に関わるものであることを数え入れている。本書では論じることができなかったが、人間の心のありようについての判断と、評価的判断について用いられる概念が、いずれも、画一的な適用規準をもちえないことは偶然ではないように思われる。ガリーの議論の概要については、伊藤(2016)に詳しい。

(24) これはちょうど、色や形や音等々についてアブノーマルな判断を下す者の身体的特徴について調べることに意味があるのに対し、ジャストロー図形をウサギと見ている人とアヒルとして見ている人の差異がなぜもたらされているのかを探究するのに意味がないのと類比的である。

に別の差異によって説明がなされるべきものではなく、それ以上遡ることのできない原初的な差異として受け入れなければならない可能性があるものなのである。

3・3　自然に存在する不規則性と心にかかわる不規則性

さいごにひとつの疑念を解消しておきたい。それは、「心電図に現れる波形の不規則性と、心的概念の形成にかかわる不規則性とを同一視してよいのか」という疑念である。たしかに不規則性それ自体は、人間のふるまいにかぎらず、自然現象のうちにもひろくみられる事柄である。風のそよぎや波、雲の動きなど、自然界はさまざまな「ゆらぎ」にあふれている。しかし私たちは、ふるまい方が不規則であるという一事をもって、風や波に「心」を帰属するようなことはしないだろう。とするならば、不規則性のみによって、心の存在を特徴づけることはできないのではないか。だが本書が目指したのは、「心をもつ人間とそうでない自然との違いは何か」という問いに、不規則性の有無によって回答を与えることではなかった。述べたように、焦点を合わせたのはむしろ、「被観察者にたいして心を帰属するとは、何をすることなのか」という問いであり、そういった実践のなかで規定されるかぎりでの心概念であった。したがって、不規則性によって心的概念の定義や全般的な特徴づけを与えたというわけではない。[25] 人間と自然とにたいして、われわれが明確な態度の違いを現に設けていることを受け容れながら、この態度の違いの内実を、不規則性にたいするわれわれのスタンスの違いとして析出することが本章の主眼点であった。

たしかに不規則性は経験的に遍く観察される事象である。しかし、不規則性にたいして、われわれは、それを「本来的」なものとして扱うスタンスと、「非本来的」なものとして扱うスタンスとを採用しうる。そして、「被観察者にたいして心を帰属する」とは、後者のように、不規則性を法則性から外れた単なるノイズとして消極的に扱うのではなく、前者のように「別様に解釈する余地を残した多義的」なものとして積極的に扱うことにほかならない。こうした不規則性に対する積極的なスタンスが、ひいては本質的に不確実性をはらんだ心的概念の基盤にもなっているのである。こうした意味において、心という概念の発生は、不規則性を端緒とするのである。

3節のあゆみを整理しておこう。出発点は、概念はわれわれの生活パターンを反映したものであるという洞察であった。もしわれわれの生活パターンが不規則性を含むものであるならば、その不規則な生活パターンを反映した概念というものが存在しなければならない。そして不規則なパターンを反映して形成される概念は、画一的な規準をもつことができず、不確実性を免れられないこと

(25) たとえばDavidson (1980) は、心的現象は厳密な法則に包摂することができないと主張し、非法則的一元論の立場を打ち出す一方で、「合理性」概念に訴えることによって、心的現象のあいだに、ある種の秩序が見いだされると主張している。こうした、不規則性を孕む現象のなかでも、人間のふるまいには合理性という秩序が成立しているという主張は、ふるまいの不規則性を強調する本稿の論旨と対立するものではない。合理性という秩序は、行為者のふるまいを解釈する際の前提となるものであるが、ある人のふるまいがそうした解釈に開かれることはそのふるまいが不規則であることによってはじめて可能となるという意味で、むしろ両者は、相互不可分の関係にさえあるとも考えられる。

を、心電図のモニタリングの比喩を通じて確かめた。ついで、規則的なふるまいをする者からは表情が欠落するということから、心という概念の成立にとってふるまいの不規則性が本質的であると主張した。以上からわれわれは、ふるまいが不規則性であることにポイントのある心的概念は、その適用規準の不確実性を免れることはできないと結論づける。それゆえ、心的概念を用いたゲームにおいて生じる判断の不一致は、心的概念が健全に運用されている証拠と見なされるべきで、解消が目指されるべきものではない。

本章では、適用規準の不確実性を本質とする概念として心的概念に焦点を合わせてきたが、適用判断の一致を本質とする概念の本性については、詳述することができなかった。だが、世界のあり方を記述するために使われる、いわゆる「客観的」な概念は、適用判断におけるゆらぎを極力制御した設計がなされているように思われる。[26] 心的概念がその適用規準の不確実性を本質とし、判断の不一致に寛容的態度で応じられるゲームでしか使用されないこととあわせて考えるならば、「心」と「物」という対立は——いずれかの概念にラディカルな用法の変更を施さない限りは——容易に乗り越えることのできない、非常に根源的な区別だということになるだろう。[27]

(26) この点に関して、『確実性の問題』で論じられた「確実性」を「不一致の拒絶」を本質とするゲームという観点から分析・検討する余地があるだろう。

(27) 『心理学の哲学』の書評論文においてハッキングは、デカルトに並ぶ心身二元論者としてウィトゲンシュタインを評価している。「デカルトは、心と身体ははっきりと異なった実体であると考え、それらがどのように相互作用するのかを問題とした。この二元論と呼ばれる考え方は、西洋哲学に取り付き、それを支配してきた。だが、ウィトゲンシュタインは二元論者ではなかったのだから、彼とデカルトが似ているということなど根本的にありえない、と言われるかもしれない。だが、その考えには同意できない。私の考えでは、両者の対比は間違った仕方で理解されているのである。確かにヴィトゲンシュタインは、心と身体は二つの「実体」であるとか、「心」がある特殊な事物を名指しているなどとは考えなかった。だが多くの本質的な点で、彼はデカルトとまったく同じくらい二元論者なのである。両者はともに、心理学は、自然科学で求められるものとは全く異なった記述の仕方や方法論を要求すると考えている。思惟についての考察は、空間的、機械論的な対象からなる非人間的世界に関する研究とは、これっぽっちも似ていないのである」(Hacking 2002, p. 216)

おわりに

本書では、これまでほとんど着目されてこなかった「ポイント（Witz, point）」という概念を中心に据えて、後期ウィトゲンシュタイン哲学を読み解いてきた。本書の解釈の最大の特徴は「ポイント概念はアスペクト概念の一種である」というものであった。

1章で論じたように、アスペクト概念は「ある意味では同じであるはずなのに、別の意味では異なる」と言いたくなる体験を契機として、過去と現在のわたし（あるいは、わたしとあなた）の見ているものの違いを収容・説明するために要請される。このアスペクト転換をモデルとして、言語ゲーム同士やことば同士の実質的な対立が浮き彫りになったとき、「何が同一性を確保し、何が相違性を説明する次元として機能するのか」に即して本書では議論を進めてきた。

表を見てわかるとおり、何が定項として固定され、何が変項となるのかは実質的な対立が生じる文脈に相対的である。重要なことは「ある意味では同じであるはずなのに、別の意味では異なる」

	同一性	差異	
画像（1章）	対象（線描）	アスペクト	同じ対象が別のアスペクトをもつ（ウサギ－アヒル図）
言語ゲーム（1章）	ルール	ポイント	同じルールの体系が別のポイントをもつ（競技チェスと儀式チェス）
ことばA（2章）	記号	ルール（使い方）	同じ記号が別の使用ルールをもつ（繋辞や等号として使われる「ist」）
ことばB（2章）	ルール	ポイント（使い方）	同じ使用ルールの体系が別のポイントをもつ
ことばC（3章）	記号	表情	同じ記号が別の表情をもつ（ゆで／たまご、ゆでた／まご）

というときの、その異なりを収容し説明する次元こそが、ウィトゲンシュタインが「意味」と呼んでいるものだということである。同じ画像に異なるアスペクトを見てとる二人が、そこに異なる意味を見出していると言うことが自然であるように、言語ゲームは、それを構成する諸ルールをどのように序列化しそこにどのような「顔つき」をプレイヤーが見てとるかによって、意味を異にする。またことばは、それをどのようなルールで使用するかによって意味を異にするだけでなく、使用同士をどのように序列化・分類したりするかによっても、意味を異にする。アスペクトが線描を序列化する視点であるように、ポイントは、ルールや使用を序列化し、全体としてまとめ上げる視点なのである。

　またポイントという概念はわれわれの言語ゲームプレイやことばの使用をよく見ようとする、ウィトゲンシュタインの方法から要請されたものでもあった。自分たちがプレイしている言語ゲームのありようをよく見るためには、比較対象として、それと似て非なる別の言語ゲームやことばの使用——ルールや規則性は確かにあるのに、どこか関節が外れてしまっている——が必要となる。われわれの言語ゲームやことばの使用には宿っており、彼らの言語ゲームやことばの使用には欠落しているものは何なのか。ルールが、意味をもっていることを前提に、それがどのような意味かを特徴づけるものであるとするなら、ポイントとは、「有意味」と「無意味」を区別するものなのである。

このように本書では、ウィトゲンシュタインの哲学を、ポイントを与える哲学として特徴づけてきた。ところでかれは、哲学の営みを（かれ独自の意味で使っている）「美学」の営みとしばしば同列に置いていた。

哲学的探究（ことによると特に数学における）と、美学的探究のあいだの奇妙な類似性。（たとえばこの服のどこがまずいのか、どうであるべきか等々）（CV 29）

私は科学的な問題に興味はあるが、心を掴まれるということはない。概念的な問題と美学的な問題（*begriffliche & ästhetische* Fragen）だけが私の心を掴む。じっさい、科学の問題に解決が見出されるかどうかを私は冷めた目で見てしまうが、概念的な問題と美学的な問題についてはそうではない。（CV 91）

では、哲学と美学はどのような点で一致しているのだろうか。それは与える理由の同一性によってである。

〔美学と〕同じ種類の理由は、倫理学（Ethics）以外のところでも与えられるのだろうか？ そのとおり。哲学において〔そうした理由は与えられる〕。（M 352）

ラフにまとめるなら、哲学と美学そして倫理学は、その対象こそ違えども、何かがそうであることの理由を与える活動である。ことばはなぜこのようなルールで使用されるのか。この絵画はなぜこのような構図が取られているのか。[1] この音楽ではなぜこのフレーズが使用されているのか。あの人はああではなく、なぜかくのごとく行為したのか。ああではなくこうであることの理由を与えること。ああであることと、こうであることの違いがどこにあるのかを考えること。それは、まさにポイントを与える活動である。本書ではかれの美学と倫理学には立ち入ることができなかったが、ここまで描き出してきたポイントの哲学を足掛かりにして、かれにとっての美学や倫理学がどのような営みであったのかを明らかにすることができるだろう。[2] そしてかれにとっての哲学が何であったのかの最終的な解明もまた、それらの解明と同時にもたらされるだろう。

(1) Ziff(1958)は、恐らくはウィトゲンシュタインのアスペクト概念を継承しつつ(ジフはウィトゲンシュタイン研究者でもある)、ある芸術作品について語られる言明のうち当の作品の評価に関与するのは、その作品全体をひとつにまとめあげる特有の構成、アスペクトに関するものであり、その作品にふさわしいアスペクト視によって経験される作品の特性こそが、よい作品であることの理由になると主張している。

(2) そうした試みとして谷田(2024)を参照。

付録A　他動詞的理解と自動詞的理解

ウィトゲンシュタインは、意味の説明のゲームの種類に即して、置き換えによってもたらされる理解と、置き換えによるのでない仕方でもたらされる理解との違いを他動詞的・自動詞的として区別している。この区別を、それぞれの理解に相関する「意味」の観点から述べるならば、次のようになる（cf. PG §37）。他動詞的意味とは「その意味とは何か」という問いに対して「XはYを意味している」のように、置き換え可能な表現によって答えられるものである。つまり別の表現によってその意味を「語る」ことができるものが、他動詞的意味である。それに対し自動詞的意味とは、音楽の主題のように「その意味とは何か」という問いに、「語る」という仕方では応じられないものである。[1] 言うなれば、意味があるということを「示す」ことしかできないのが自動詞的意味なのである。[2]

(1) 無理やり他動詞的に書こうとすれば「XはXそれ自身を意味する」（cf. BB 178／邦訳 286 頁；PI §523）というものになるが、これはやはりミスリーディングな表現だろう。

このふたつの理解の差異は、両者がどのような概念と対になるのかを見ることによって整理することができる。まず他動詞的に捉えられた意味とは、つねに——別の意味と対比された意味であることに注意したい。（「XはZを意味しているのではなくYを意味している」。）すると他動詞的理解は、「Xの意味をYではなくZだと思っている」という（狭義の）「誤解（Missverständnis; misunderstanding）」と対になった理解であると言うことができる。他方、自動詞的に捉えられた意味とは、言わば、意味が——ないことと対比されたものである（cf. BB 179／邦訳286頁）[3]。したがって、自動詞的理解とは、それに意味があることがみてとれない「無理解（Nichtverständnis; not understaning）」と対比されていることになる[4]。

ところで、この違いがウィトゲンシュタインによってもともとどのようなかたちで提示されていたのかを示すテキストが、G・E・ムーア（1873–1958）のノートに基づく一九三三年の講義録に残されている（M 309）。そこでウィトゲンシュタインは、他動詞的意味における、意味に対する見方を「論証的（discursive）」、自動詞的意味における意味に対する見方を「直覚的（intuitive）」と形容している[5]（Pichler 2018, p. 53; cf. Appelqvist 2018, p. 216）。この哲学史上の伝統的区別に即して言えば、かれが取り出そうしているふたつの理解とは、あるものから別のものへと順次移行しながら部分的になされる意味の理解と、全体を一挙にとらえる意味の理解[6]ということになる。そしてウィトゲンシュタインは、論証的＝他動詞的な理解の例として、記号「∫」の意味の理解を（M 309）、直観的＝自動詞的な理解の例として、メロディや主題の意味の理解を（M 313）挙げているのである。以上の整

	他動詞的理解	自動詞的理解
意味に対する見方	論証的	直観的
対になる概念	誤解	無理解
理解の形式	XはYを意味している	Xには意味がある
方法	語り（置き換え）	示し
適用対象	記号	音楽、絵画

他動詞的理解と自動詞的理解

理を踏まえ、他動詞的・自動詞的理解の区別をまとめれば上の表のようになる。

ところでウィトゲンシュタインは、この他動詞的理解と自動詞的理解を区別しつつも、両者がひとつの「理解」という概念を形成していると述べている（PI §532）。この両者の相即性は、自動詞的理解の、他動詞的理解に対する論理的な先行として整理することができる[7]。

ことば（文）による置き換えが、意味の説明として機能するための条件について あらためて考えてみよう。まず意味を説明する側の視点に立ったとき、単に置き換え可能なことばや文を相手に提示するだけでは相手に意味を説明したことにはならない。なぜならば、ことばというものは、言語ゲームに応じてその使われ方を変えるものだからである。したがって、置き換え可能な表現だけでなく、それが使用される文脈まできちんと指定しないかぎり、置き換えは意味の説明とはなりえない。要するに、置き換えによる意味の説明とはつねに、ある言語ゲームで使用されている特定のことばを、別の言語ゲームで使用されるべつのことばと置き換えるという作業なのである。もっと砕けた言い方をすれば、置き換えによる意味の説明とは、「このゲームにおけるこのことばは、あのゲームにおけるあのことばと同じだよ」というものでなければならない。そして意味の説明を受ける側も、単に置き換えられたことばの使用に親しんでいるだけでなく、指定された言語ゲームにおける、そのことばの使用について親しんでいる必要がある。つまり、そのゲームにおけるそのことばの意味というものをきちんと理解しているのでなければならない。ところで、ここで意味の説明を受ける側に要求されているところの理解とは、全体との関係によって示される自動詞的理解だろう。置き換えによる意味の説明が、「このゲームにおけるこのことばは、あのゲームにおけるあのことばと同じだよ」というかたちをとるならば、「あのゲームにおけるあのことば」の意味を理解しているとは、そのゲーム全体にとって、そのことばの使用がどのように機能しているか、利いているかということの理解である。置き換えられたことばが、ある言語ゲーム全体においてどのように機能しているのかが分かっているということ（自動詞的理解）が、置き換えによってもたらされる理解（他動詞的理解）の可能性の条件となっているがゆえに、他動詞的理解と自動詞的理解は、分かちがたくひとつの理解概念を形成しているので

（2）以下を参照。「命題の意味とわれわれが呼ぶものは、ひとが思っている以上にメロディや主題の意味と類似している。ひとはある主題が、自分にとって意味を持っていると語る一方で、その意味とは何かを尋ねると、それについて語ることができない」（M 313）

（3）たとえば、次の一節を参照。「「これらの色模様の一つ一つに意味がある」という表現を使うこともできたが、私は「意味がある」とは〔あえて〕言わなかった。というのもこの言い方は「ではどんな意味か」という問いを引き起こしてしまうからである。いま考えているような場合では、この問いは無意味（senseless）なのである。われわれは意味の

ない（meaningless）パターンと、意味をもったパターンとを区別している。しかし、「このパターンはかくかくの意味を持っている」のような表現は、われわれのゲームの内には存在しない。「これらのふたつの模様は異なる意味をもっている」という表現さえ、それが「これらはふたつの異なる模様であり、両方とも意味をもっている」と言っているでないかぎり、そうなのである」（BB 179／邦訳 286 頁）

（4）理解と無理解の対については、以下を参照。「絵画や線描を理解するとはどういうことか？　ここにも理解と無理解がある。そしてこれらの表現は、ここでも様々なことを意味しうる。絵画が静物画だとしよう。私にはその一部が理解できない。それは物体には見えず、カンバス上の色斑しか見えないのだ。――あるいは、すべて立体的に見えるが、私の知らない物がいくつかある（それらは器具のように見えるが、私にはその用途がわからないのだ）。――私はそれらを知っているが、――別の意味で、それらの配列がわからないこともあるだろう」（PI §536）

（5）この区別をおそらくウィトゲンシュタイン自身は、I・カント（1724-1804）から学んでいる。『カント辞典』によれば「比量的（diskursiv）」は「ある概念・観念・判断から別のそれへと順次移行しながら思考が遂行する認識活動」（p. 447）とされている。それと対になる「直観的（intuitiv）」とは、対象の全体や本質を一挙に捉えるような認識であるが、こうした知的直観をカントは、人間に対して認めていない。

（6）「直観的」ということをウィトゲンシュタインは「一目で、全体として何かを理解する（taking something in as a whole at a glance）」（M 309）と形容している。

（7）自動詞的理解が他動詞的理解に論理的に先行しているという論点については、Zimmerman（1980）に学んでいる。ツィメルマンは、ウィトゲンシュタインの美学において、理解とりわけ自動詞的理解という概念が中心的な役割を果たしていることにはじめて着目したがそのなかで次のように述べている。「言語における意味の説明も結局のところ、問題のある意味が、問題のない別の意味によって「解明される」ことが必要である。このような説明の行き着く先は、最終的に私がさかのぼったところの意味が、「それ自身を私に語る」ということである。他動詞的理解の根底には、自動詞的理解がある…」（p. 53）。またウィトゲンシュタインの美学解釈において、ツィメルマンの路線を批判的に継承している Johannessen（1994）は、自動詞的理解と連動する「理由」の概念に着目し、ウィトゲンシュタインの哲学の仕事は、理由の提示に基づく自動詞的理解の達成として、美学と同一線上に位置付けられると述べている。哲学と美学が与える理由の同一性については M 352、哲学と美学を同一線上に置いている箇所として、CV 29, 91 なども参照。

ある。

付録B　アスペクト転換とアスペクトの閃き

この付録Bでは、「心理学の哲学——断片（*Philosophy of Psychology—A Fragment*）」（旧称『哲学探究』第II部）の第111節から260節にかけて展開された通称「アスペクト論」の解釈において、しばしば繰り返されてきたふたつの誤解を先行研究とともに取り上げる。

アスペクト知覚を説明する際にしばしば引き合いに出されるのが、心理学者のジョゼフ・ジャストロー（1863-1944）によって考案された、「ウサギアヒル図形」（以下「ジャストロー図形」）である。

ジャストロー図形（cf. PPF §118）

このジャストロー図形は、アスペクト概念の本性を明らかにするうえで、大きな手掛かりをわれわれに与えてくれる。その一方で、このジャストロー図形をつねに念頭に置いて考察を進めることによって、アスペクト概念の本性はたやすく見誤られる。じっさい多くの哲学者たちが、このジャストロー図形だけを用いてアスペクトの本性を見定めようとした結果、ウィトゲンシュタインの意図にそぐわない主張を引き出してきたのである。

一般にアスペクト概念は、ウサギだと思っていたものが、アヒルに見えるようになるというような、いわゆる「アスペクト転換」を契機にして導入されると見なされている。このときのアスペクトの閃きの体験は、たとえば「私はいま、それをアヒルとして見ている（I see it as a duck.）」というように「see X as Y」という図式に基づいて記述することができる。いま、アスペクトにまつわるあらゆる体験がこの図式を使って記述できるという考え、およびこの図式における「Y」に相当するものがアスペクトであるという考えをいったん受け入れるとしよう。ではこのYとは果たして何なのだろうか。これに対し多くの哲学者が、それは「概念」であるという応答をしてきた。

たとえばP・ストローソン（1919-2006）は、「あらゆる知覚は概念化されている」という（カント的な）論証の傍証として、ウィトゲンシュタインのアスペクト論を引き合いに出し、アスペクト体験を「概念によって照射された（is irradiated by）、あるいは概念が浸み込んだ（infused with）視覚経験」（Strawson 1982, p. 93）だとしている。あるいは美学者のR・ウォルハイム（1924-2003）も、絵画経験の分析の文脈において、ウィトゲンシュタインの議論に触れている。そこでかれは、「私がxをfとして見ているとき〔筆者注：ここでfは概念を指す〕、fが知覚に浸透（permeate）あるいは混入（mix）する」（Wollheim 1980, pp. 219-20; cf. 山田 2021 188頁）としている。あるいは、アガム・セガールも、このアスペクト体験を「この絵を特定の意味で充満させる（impregnating）「アヒル」概念の経験」（Agam-Segal 2019, p. 23）としている。こうしたタイプの解釈には枚挙にいとまがない。そしてストローソンに象徴されるように、こうした解釈傾向の背景にあるのは、イマヌエル・カント（1724-

1804）が『純粋理性批判（*Kritik der reinen Vernunft*）』（1781; 1787）で示した枠組みであるように思われる。

確かにウィトゲンシュタイン自身も、アスペクトが閃く体験について「あたかも、自分が見ているものに概念をあてがい、見ているものと一緒にその概念を見ているかのようだ」（RPPI §961）と述べており、アスペクト知覚におけるアスペクトが概念であるという主張に一定の理解を示してはいる。しかしこの主張をウィトゲンシュタインに帰すことはやはりできないし、現実問題としても、アスペクトは、概念と同一視できるようなものではないように思われる。なぜならアスペクト論のなかでは――それがアスペクト体験であることを疑いえないにもかかわらず――「see *X* as *Y*」という図式に当て嵌められることを拒絶するような事例がたくさん登場するからである。例えばウィトゲンシュタインは、ある人の顔をみていて突然、別の人との類似性に気づく（PPF §111）という体験をアスペクトの閃きの事例として挙げている。あるいは、ただの線描だと思っていたところに、人の表情が急に見え始めるということも、れっきとしたアスペクト体験である。こうした事例に「see *X* as *Y*」という図式を適用しようとしたとき、「*Y*」に相当する概念とは果たして何なのだろうか。その候補となるような概念を挙げることはおそらく不可能であるように思われる。アスペクトが概念であるという主張は、ジャストロー図形というたったひとつの事例に即して、アスペクト概念の本性を見定めようとしたひとつの帰結である。

あらゆるアスペクト体験を「see *X* as *Y*」という図式で捉えようとするとき、アスペクトが変化することを、何かから何かへの変化として、すなわちアスペクト甲からアスペクト乙への変化

ほかの人の顔との類似性に気づく（cf. PPF §186）

（「see X as Z」から「see X as Y」への変化）として記述したくなる誘惑がうまれる。ここから「われわれの知覚は、つねにアスペクト知覚である」という誤解がもたらされる。

この種の誤解にとらわれた典型とも言えるのが、S・ムルホール（1962-）である。ムルホールは、「ウィトゲンシュタインの主たる関心は…アスペクトの閃きの概念ではなく、恒常的なアスペクト知覚の概念」（Mullhall 1990, p. 123）だと考える。この恒常的なアスペクト知覚の概念は、ウィトゲンシュタインによって次のように導入されている。

> またわたしは、あるアスペクトを「恒常的に見ること（das stetige Sehen）」と、あるアスペクトが「閃くこと（Aufleuchten）」とを区別しなければならない。
>
> わたしはこの絵をずっと見せられていたのに、そこにウサギ以外のものを何も見なかったということがありえるのだ。（PPF §118）

だがなぜムルホールは、「アスペクトの閃き」や「アスペクトの転換」ではなく、アスペクト論において二回しか言及されていないこの概念を中心に据えようとするのか。その背景にあるのは、

M・ハイデガー（1889-1976）の現象学である。『存在と時間（*Sein und Zeit*）』（1927）においてハイデガーが、ハンマーを事例に、ハンマーが道具として機能しているときに見せる「道具的存在性（Zuhandenheit）」という相貌と、純粋な観察の対象としての「事物的存在性（Vorhandenheit）」という相貌とを区別したことは有名である。ムルホールは、道具の故障を通じて、われわれと世界との馴染みある関係性が暗示されるとハイデガーが考えたように、ウィトゲンシュタインの関心も、アスペクトの閃きという経験それ自体ではなく、それを通じて示される「世界に対するわれわれの一般的な関係性を特徴づける」（Baz 2000, p. 12）ことにあると考える。したがって、ハイデガー現象学との近接性を見てとろうとするムルホールにとっては、恒常的なアスペクト知覚概念こそが、アスペクト論の中心に据えられることになる。

ムルホールのアスペクト論解釈は、一言でいえば、「see *X* as *Y*」という経験が可能であるためには、あらかじめ「see *X* as *Z*」という事態が成立していなければならないという点に尽きると言ってよい。

> 個々のアスペクトの閃きという経験は、所与の存在を新しい種類の対象として見ることができるということをわれわれに気づかせてくれることによって、われわれが、それをすでに特定の種類の対象として見ていたのだという事実を際立たせている…（Mullhall 1990, p. 136）

Authors(year)	Aspect is concept.	All perception is aspect perception.	All perception is conceptualized.
Wittgenstein (1953)	No	No	No
Wollheim (1980)	Yes	Yes	Yes
Strawson (1982)	Yes	Yes	Yes
Mulhall (1990)	No	Yes	—
Travis (2013, 2015)	Yes	No	—
Searle (2015)	—	Yes	Yes
Agam-Segal (2019)	Yes	—	—

アスペクトに関する先行研究（cf. Baz 2020）

こうしてムルホールは、われわれが日常的に行っている知覚はすべてアスペクト知覚だという結論を導くことになる。またムルホールと同じようにジョンストンも、「アスペクトの閃きの重要性は、恒常的なアスペクト知覚というより広い現象に注意を惹くことにある」（Johnston 1993, p. 43）とし、ムルホールと同様の解釈を行っている。

「すべての知覚はアスペクト知覚である」という主張が、ウィトゲンシュタインの意図に反して「…を見る」と「…として見る」の区別を潰してしまっているという点については、すでに多くの論者の指摘するところである[1]（野矢 1986, 1988; Baz 2000; 荒畑 2013; 山田 2021）。ところで、こうした主張を誘発しているのもまた、「何が先行するアスペクトであるかについての、明らかに候補になりそうなものがあるように見える」（Baz 2010, p. 236, note 16）ジャストロー図形のような例なのである。さきにみたような、ある人の顔をみていて突然、別の人との類似性に気づく（PPF §111）という体験を念頭に置いて議論を進める場合には、少なくともこうした誤謬を犯すことはないはずである。

アスペクトという概念は、ジャストロー図形におけるような「アスペクト転換」だけでなく、類似性に気づくといった「アスペクトの閃き」という文脈においても要請される。しかし前者だけを念頭にその概念の本性を見定めようとした結果、多くの論者が「アスペクトは概念である」や「すべての知覚はアスペクト知覚である」という極端な哲学的主張に走ってしまったのである。

(1)「観察の理論負荷性（theory ladenness）」を提唱した科学哲学者のN・R・ハンソン（1924-1967）もまた、異論はあるものの（cf. 野家 1993）こうした主張にコミットする一人と見なされる。あるいは前述のストローソンやウォルハイムなどは、「すべての知覚は概念化されている」という主張を別の根拠から導出しているため、さきにみた「アスペクトは概念である」というテーゼとあわせて「すべての知覚はアスペクト知覚である」が帰結することになる。

あとがき

本書は二〇二二年度に東京大学大学院人文社会系研究科に提出した博士学位論文「アスペクトとポイント——ウィトゲンシュタインの差異の哲学」に加筆、修正を施して作成されたものである。本書の一部はすでに学術誌に発表した論文がもととなっている。

- 「後期ウィトゲンシュタインにおける、言語ゲームの「ポイント（*Witz*）」概念の位置づけ——アスペクト概念との比較を通じて」日本哲学会編『哲學』（知泉書館）、2023年、171-188頁。（第1章）
- 「ポイント（Witz）とアスペクト（Aspekt）——言語ゲームの意味を問うとはどのようなことか」『現代思想』総特集ウィトゲンシュタイン『論理哲学論考』100年（青土社）、

２０２１年、199-210頁。（第1章、第2章）

- "Rule and Point: What function does the concept of "meaning" serve?", *The Review of Analytic Philosophy*, 3(1), 2023, 43-62.（第2章）
- 「第３のウィトゲンシュタインにおける心理学の哲学――振りをする概念の位置づけと物的／心的概念の区別をめぐって」哲学会編『哲学雑誌』（有斐閣）、２０１９年、131-147頁。（第4章）
- 「心的概念の不確実性の問題――ウィトゲンシュタインの心理学の哲学の観点から」科学基礎論学会編『科学基礎論研究』（明徳出版社）、２０２１年、1-14頁。（第5章）

博士論文の審査に際しては、指導教官である一ノ瀬正樹先生・乗立雄輝先生のほか、古荘真敬先生、大谷弘先生、古田徹也先生に多大なるご尽力を賜った。深く感謝申し上げる。

＊　＊　＊

私がウィトゲンシュタインとアスペクトの問題にはじめて出会ったのは二〇一一年、当時は非常勤として慶應義塾大学にいらしていた荒畑靖宏先生の講義を通じてであった。私が初めて受講した哲学の講義でもあった。「主体の変容」というテーマで、ウィトゲンシュタインのアスペクト論とハイデガー哲学が一緒に論じられていたと記憶している。『論理哲学論考』の「意志によって世界は全体として別の世界へと変化するのでなければならない」という一節を読んで「真理に到達するためには、私が変わる必要がある」という、いま思えば随分と勝手な解釈をしていた当時の私にとって、荒畑先生の講義は――おそらくほとんど理解できていなかっただろうが――とてもスリリングで刺激的なものであった。それから一三年もの月日が流れ、同じくアスペクトをテーマにした自身の研究の成果をこうして書籍として世に出すことができたのは、多くの人の助けとさまざまな運の賜物であったと感じている。

哲学の世界に足を踏み入れる後押しをして下さったのは、慶應義塾大学商学部の権丈善一先生だった。先生の講義や著作を通じて私は「価値判断をするとはどのようなことか」「人によってもものの見方が違うとはどういうことか」という問いに出会った。何よりも権丈先生から薫陶を受けたことが、私の人生を大きく方向づけたように思う。東日本大震災から間もない二〇一一年の四月二三日、哲学の道に進むことを決意しゼミをやめるつもりでいた私を先生は吉祥寺の「いせや」に誘ってくださった。そのときにかけていただいたことばといただいた気持ちに、本書でもって少しでも報いることができていれば嬉しいと思う。改めて深い感謝の意をここで伝えさせていただきたい。

本書のもととなった博士論文の執筆に際しては、本当に多くの先生がた、先輩がたにお世話になった。そのなかでも駒澤大学の佐藤暁さんと、東京女子大学の大谷弘さんには格別の感謝を伝えたい。佐藤さんは、大学院に進学してから分析哲学のスタイルになかなか馴染むことが出来ず、哲学に対する熱意を半ば失いかけていた私に、「たのしくやらなければ意味がないよ」と声をかけ続けてくれた。生焼けの原稿に対してもつねに、研究をよりワクワクする方向へと導くコメントをくださった。この研究に（少しでも）面白い部分があるとすれば、それは、私が面白いと思った問題を佐藤さんが一緒になって面白がってくれたからに他ならない。大谷弘さんからは、ウィトゲンシュタイン研究者としての専門的な観点から、原稿の執筆に際して有益なアドバイスを数多く頂戴した。また本書の主題となっているポイント概念の意義と面白さを教えてくれたのは『ウィトゲンシュタイン　明確化の哲学』（二〇二〇年、青土社）だった。本書が大谷さんのウィトゲンシュタイン研究に対して何かしらの応答となっていれば嬉しいと思う。また本書の出版にあたっても大谷さんには多大なるご尽力を賜った。深く感謝申し上げる。また博士論文の完成は『フィルカル』の発行元であり、アルバイトでお世話になっているミュー社の櫨山雄二・眞知子夫妻のサポートぬきにはなしえなかった。お二人は、折にふれ私をあたたかく叱咤激励し、長年にわたって面倒を見てくださった。改めて深く感謝の意を表したい。

さいごに、こうして立派な書籍にする機会をいただけたことと、丁寧な仕事をしてくださる編集者さんに出会えたことは、私にとって最大の幸運事だったと言えるかもしれない。本書を担当してくださった編集部の永井愛さんには、原稿の隅々にまで丁寧に目を通していただき、書き直しのための有益なコメントを数多く頂戴した。たびたび期日をオーバーし、ご迷惑をおかけしてしまうことも多かったが、辛抱強く完成まで私を導いてくださった。一緒にお仕事をさせていただいたことに感謝する。

このようにさまざまな人の助けを借りて完成させることができた本書だが、辛抱強く私を信じ続けてくれた両親に本書を捧げたいと思う。

二〇二四年一〇月

谷田雄毅

アセンション教会区墓地にあるウィトゲンシュタインの墓石
（2011 年 8 月 27 日、筆者撮影）

事項索引

た行

は行

ら行

人名索引

参考文献

Agam-Segal, R., 2019, "Avner Baz on Aspects and Concepts: A Critique." *Inquiry.* https://doi.org/10.1080/0020174X.2019.1610049

Appelqvist, H., 2018, "Wittgenstein on Aesthetic Normativity and Grammar." in D. G. Stern (ed.), *Wittgenstein in the 1930s: between the 'Tractatus' and the 'Investigations'*, Cambridge University Press, pp. 209-23.

Baz, A., 2000, "What's the Point of Seeing Aspects?." *Philosophical Investigations*, 23(2): pp. 97-121.

Baz, A., 2010, "On Learning from Wittgenstein, or What does it Take to See the Grammar of Seeing Aspects?." in W. Day (ed.), *Seeing Wittgenstein Anew*, Cambridge University Press, pp. 227-48.

Baz, A., 2020, *Wittgenstein on Aspect Perception*, Cambridge University Press.

Baker, G. P., 2004, "Philosophical Investigations §122: Neglected Aspects." in K. Morris (ed.), *Wittgenstein's Method: Neglected Aspects*, Blackwell, pp. 22-51.

Baker, G. P. & Hacker, P. M. S., 2005, *Wittgenstein: Understanding and Meaning: Volume 1 of an Analytical Commentary on the Philosophical Investigations, Part I: Essays*, Wiley-Blackwell.

Bloor, D., 1983, *Wittgenstein: A Social Theory of Knowledge*, The Macmillan Press Ltd.（戸田山和久訳『ウィトゲンシュタイン――知識の社会理論』勁草書房、1988年）

Boncompagni, A., 2022, *Wittgenstein on Forms of Life*, Cambridge University Press.

Brahms, J., 2000, *Symphony No. 4 in E minor, Op. 98: Authoritative Score, Background, Context, Criticism, Analysis*, K. Hull (ed.), Norton.

Cavell, S., 1979, *The Claim of Reason: Wittgenstein, Skepticism, Morality, and Tragedy*, Oxford University Press.

（荒畑靖宏訳『理性の呼び声――ウィトゲンシュタイン、懐疑論、道徳、悲劇』講談社選書メチエ、2024年）

Cerbone, D., 2017, "The Recovery of Indeterminacy in Merleau-Ponty and Wittgenstein." in K. Romdenh-Romluc (ed.), *Wittgenstein and Merleau-Ponty*, Routledge.

Cook, J., 1994, *Wittgenstein's Metaphysics*, Cambridge University Press.

Cook, J., 1999, *Wittgenstein, Empiricism, and Language*, Oxford University Press.

Darwin, C., 1872, *The Expression of the Emotions in Man and Animals*, Cambridge University Press.（浜中浜太郎訳『人及び動物の表情について』岩波文庫、1931年）

Davidson, D., 1980, *Essays on Actions and Events*, Clarendon Press.（服部裕幸・柴田正良訳『行為と出来事』勁草書房、1990 年）

Diamond, C., 1991, “The Face of Necessity.” in *The Realistic Spirit: Wittgenstein, Philosophy, and the Mind*, MIT Press, pp. 243-66.

Douglas, M., 1999, “Self-Evidence.” in *Implicit Meanings*, Routledge, pp. 252-83.

Drury, M. O., 2017, *The Selected Writings of Maurice O'Connor Drury: On Wittgenstein, Philosophy, Religion and Psychiatry*, J. Hayes (ed.), Bloomsbury USA Academic.

Dummett, M., 1973, *Frege: Philosophy of Language*, Harvard University Press.

Dummett, M., 1978, “Truth.” in *Truth and Other Enigmas*, Harvard University Press, pp. 1-24.（藤田晋吾訳『真理という謎』勁草書房、1986 年）

Engelmann, M. L., 2013, *Wittgenstein's Philosophical Development: Phenomenology, Grammar, Method, and the Anthroporogical View*, Palgrave Macmillan.

Erbacher, C., 2020, *Wittgenstein's Heirs and Editors*, Cambridge University Press.

Ertz, T.-P., 2008, *Regel und Witz: Wittgensteinsche Perspektiven Auf Mathematik, Sprache und Moral*, De Gruyter.

Floyd, J., 2010, “On Being Surprised: Wittgenstein on Aspect-perception, Logic, and Mathematics.” in W. Day and V. J. Krebs (eds.), *Seeing Wittgenstein Anew*, Cambridge University Press, pp. 314-37.

Frege, G., 1892, “Über Sinn und Bedeutung.” *Zeitschrift für Philosophie Und Philosophische Kritik*, 100(1): pp. 25-50.（土屋俊訳「意義と意味について」黒田亘・野本和幸編『フレーゲ著作集 4　哲学論集』勁草書房、1999 年、71-102頁）

Gabriel, G., 2004, “Witz”, in J. Ritter, K. Gründer, and G. Gabriel (eds.), *Historisches Wörterbuch der Philosophie* (Band 12: W-Z), pp. 983-90.

Gallie, W. B., 1955, “Essentially Contested Concepts.” *Proceedings of the Aristotelian Society*, 56(1): pp. 167-98.

Glock, H.-J., 1996, *Wittgenstein Dictionary*, John Wiley & Sons.

Graham, G., 2023, "Behaviorism", *The Stanford Encyclopedia of Philosophy*, Edward N. Zalta & Uri Nodelman (eds.), URL = <https://plato.stanford.edu/archives/spr2023/entries/behaviorism/>.

Hacker, P. M. S., 1993, *Wittgenstein: Meaning and Mind: Meaning and Mind, Volume 3 of an Analytical Commentary on the Philosophical Investigations, Part I: Essays*, Wiley-

Blackwell.

Hacker, P. M. S., 2013, "Two Conceptions of Language." *Wittgenstein: Comparisons and Context*, Oxford University Press, pp. 128–51.

Hacking, I., 2004, "Wittgenstein as Philosophical Psychologist." in *Historical Ontology*, Harvard University Press, pp. 125–31.（大西琢朗訳「哲学的心理学者ヴィトゲンシュタイン」出口康夫・大西琢朗・渡辺一弘訳『知の歴史学』岩波書店、2012 年、421–44 頁）

Hadot, P., 1995, *Philosophy as a Way of Life*, Wiley-Blackwell.

Hadot, P., 2004, *Wittgenstein et les limites du langage*, Librairie Philosophique J Vrin.（合田正人訳『ウィトゲンシュタインと言語の限界』講談社選書メチエ、2022 年）

Hurley, S. L., 1989, *Natural Reasons: Personality and Polity*, Oxford University Press.

Johannessen, K. S., 1994, "Philosophy, Art and Intransitive Understanding." in K. S. Johannessen, R. Larsen, and K. O. Amas (eds.), *Wittgenstein and Norway*, Solum Forlag, pp. 218–50.

Johnston, P., 1993, *Wittgenstein: Rethinking the Inner*, Routledge.

Kripke, S., 1982, *Wittgenstein on Rules and Private Language: An Elementary Exposition*, Harvard University Press.（黒崎宏訳『ウィトゲンシュタインのパラドックス――規則・私的言語・他人の心』ちくま学芸文庫、2022 年）

Lakatos, I., 1976, *Proofs and Refutations: The Logic of Mathematical Discovery*, Cambridge University Press.（佐々木力訳『数学的発見の論理――証明と論駁』共立出版、1980 年）

Lévi-Strauss, C., 1962, *La Pensée Sauvage*, Plon.（大橋保夫訳『野生の思考』みすず書房、1976 年）

Loomis, E. J., 2007, "Criteria and Defeasibility: When Good Evidence Is Not Good Enough." in D. Moyal-Sharrock (ed.), *Perspicuous Presentations: Essays on Wittgenstein's Philosophy of Psychology*, Palgrave Macmillan, pp. 236–57.

Lotze, R. H., 1874, *Logik: Drei Buecher Vom Denken, Vom Untersuchen Und Vom Erkennen*, Hirzel.

Luckhardt, C. G., 1983, "Wittgenstein and Behaviorism." *Synthese*, 56(3): pp. 319–38.

Lycan, G., 1971, "Non-Inductive Evidence: Recent Work on Wittgenstein's 'Criteria'" *American Philosophical Quarterly*, 8(2): pp. 109–25.

Mächa, J., 2015, *Wittgenstein on Internal and External Relations*, Bloomsbury Academic.

Malcolm, N., 2001, *Ludwig Wittgenstein: A Memoir*, Oxford University Press.（板坂

元訳『ウィトゲンシュタイン――天才哲学者の思い出』平凡社ライブラリー、1998年）
Mandik, P., 2010, *This Is Philosophy of Mind: An Introduction*, Wiley-Blackwell.
McDowell, J., 1998, "Criteria, Defeasibility and Knowledge." in *Meaning, Knowledge, and Reality*, Harvard University Press, pp. 369-94.
McGinn, M., 2004, "The Everyday Alternative to Scepticism: Cavell and Wittgenstein on Other Minds." in D. McManus (ed.), *Wittgenstein and Scepticism*, Routledge, pp. 240-59.
McGinn, M., 2013, *The Routledge Guidebook to Wittgenstein's Philosophical Investigations*, Routledge.
Monk, R., 1990, *Ludwig Wittgenstein: the Duty of Genius*, Penguin Books.（岡田雅勝訳『ウィトゲンシュタイン――天才の責務（1）（2）』みすず書房、1994年）
Moyal-Sharrock, D., 2015, "Wittgenstein on Forms of Life, Patterns of Life, and Ways of Living." *Nordic Wittgenstein Review*, pp. 21-42.
Mulhall, S., 1990, *On Being in the World: Wittgenstein and Heidegger on Seeing Aspects*, Routledge.
Neumann, G., 1976, *Ideenparadiese Untersuchungen zur Aphoristik von Lichtenberg, Novalis, Friedrich Schlegel und Goethe*, Fink.
Pichler, A., 2018, "Wittgenstein on Understanding: Language, Calculus and Practice." in D. G. Stern (ed.), *Wittgenstein in the 1930s: between the 'Tractatus' and the 'Investigations'*, Cambridge University Press, pp. 45-60.
Read, K. E., 1959, "Leadership and Consensus in a New Guinea Society." *American Anthropologist*, 61(3): pp. 425-36.
Rosat, J.-J., 2007, "Patterns in the Weave of Life: Wittgenstein's Lebensmuster." in D. Moyal-Sharrock (ed.), *Perspicuous Presentations: Essays on Wittgenstein's Philosophy of Psychology*, Palgrave-Macmillan, pp. 194-210.
Schneider, H. J., 1999, "Offene Grenzen, zerfaserte Ränder: Über Arten von Beziehungen zwischen Sprachspielen." in W. Lütterfelds and A. Roser (eds.), *Der Konflikt der Lebensformen in Wittgensteins Philosophie der Wittgenstein*, Suhrkamp, pp. 138-55.
Schwyzer, H., 1969, "Rules and Practices." *The Philosophical Review*, 78(4): pp. 451-67.
Searle, J. R., 2015, *Seeing Things as They Are: A Theory of Perception*, Oxford University Press.
Strawson, P. F., 1982, "Imagination and Perception." in R. C. S. Walker (ed.), *Kant*

on Pure Reason, Oxford University Press, pp. 82-99.

Suits, B., 2014, *The Grasshopper: Games, Life and Utopia*, T. Hurka and F. Newfeld (eds.), Broadview Press.（川谷茂樹・山田貴裕訳『キリギリスの哲学――ゲームプレイと理想の人生』ナカニシヤ出版、2015 年）

ter Hark, M., 2000, "Uncertainty, Vagueness and Psychological Indeterminacy." *Synthese*, 124(2): pp. 193-220.

ter Hark, M., 2001, "Wittgenstein and Dennett on Patterns." in S. Schoreder (ed.), *Wittgenstein and Contemporary Philosophy of Mind*, Palgrave Macmillan, pp. 85-104.

ter Hark, M., 2004, "'Patterns of Life': A Third Wittgenstein Concept." in D. Moyal-Sharrock (ed.), *The Third Wittgenstein: The Post-Investigations Works*, Routledge, pp. 129-44.

Tomassi, P., 2001, "Logic After Wittgenstein." *Nordic Journal of Philosophical Logic*, 6(1): pp. 43-70.

Travis, C., 2013, *Perception: Essays After Frege*, Oxford University Press.

Verschuren, S., 2017, *What Does It Look Like? Wittgenstein's Philosophy in the Light of His Conception of Language Description: Part I*, Peter Lang.

Waismann, F., 1965, *The Principles of Linguistic Philosophy*, Macmillan.（フェリス・ロボ・楠瀬淳三訳『言語哲学の原理』大修館書店、1977 年）

Wollheim, R., 1980, *Art and its Object*, Cambridge University Press.

Wright, C., 1982, "Anti-Realist Semantics: The Role of Criteria." in G. Vesey (ed.), *Idealism Past and Present*, Cambridge University Press, pp. 225-48.

Wright, C., 1986, "Realism, Truth-Value Links, Other Minds, and the Past." in *Realism, Meaning and Truth*, Blackwell, pp. 85-106.

Ziff, P., 1958, "Reasons in Art Criticism." in I. Scheffler (ed.), *Philosophy and Education*, Allyn and Bacon, pp. 219-36.（櫻井一成訳「芸術批評における理由」西村清和編・監訳『分析美学基本論文集』勁草書房、2015 年、65-98 頁）

Zimmermann, J., 1980, *Sprachanalytische Ästhetik. Ein Überblick*, Frommann-Holzboog.

荒畑靖宏 2013「アスペクトの恒常性と脆さ――ウィトゲンシュタインとハイデガー」『ヨーロッパ文化研究』32: 35-97 頁。

荒畑靖宏 2016「日常性への回帰と懐疑論への回帰――スタンリー・カヴェル」齋藤元紀・増田靖彦編『21 世紀の哲学をひらく――現代思想の最前線への招待』ミネルヴァ書房、173-93 頁。

アリストテレス 2017『新版 アリストテレス全集 4　自然学』内山勝利訳、岩波書店。

有福孝岳・坂部恵・石川文康ほか編 2014『縮刷版 カント事典』弘文堂。
飯田隆 2016『規則と意味のパラドックス』ちくま学芸文庫。
飯田真・中井久夫 2001『天才の精神病理——科学的創造の秘密』岩波現代文庫。
伊藤克彦 2016「本質的に論争的な概念をめぐって——コンセプトとコンセプションの区別の再考」一橋大学大学院法学研究科編『一橋法学』15(1): 423-74頁。
入不二基義 2009a『相対主義の極北』ちくま学芸文庫。
入不二基義 2009b「「私たち」に外はない」『足の裏に影はあるか？ ないか？ 哲学随想』朝日出版社、24-30 頁。
岩本敦 2005「論理と数学における構成主義——ある議論」飯田隆編『知の教科書 論理の哲学』講談社選書メチエ、118-47 頁。
大谷弘 2010「ウィトゲンシュタインにおける言葉の意味と哲学の意義」東京大学大学院人文社会系研究科博士学位論文。
大谷弘 2015「訳者解説 言語哲学と数学についての哲学的像」大谷弘・古田徹也訳『ウィトゲンシュタインの講義 数学の基礎篇』講談社学術文庫、568-97 頁。
大谷弘 2020『ウィトゲンシュタイン 明確化の哲学』青土社。
小田部胤久 2009『西洋美学史』東京大学出版会。
小山聡子 2016「囲碁・雙六によるモノノケの調伏——中世前期を中心として」『説話文学研究』51: 65-74 頁。
片岡雅知 2017「行動主義」信原幸弘編『心の哲学——新時代の心の科学をめぐる哲学の問い』新曜社、24-29 頁。
金子洋之 2006『ダメットにたどりつくまで』勁草書房。
川谷茂樹 2005『スポーツ倫理学講義』ナカニシヤ出版。
鬼界彰夫 2003『ウィトゲンシュタインはこう考えた——哲学的思考の全軌跡 1912-1951』講談社現代新書。
鬼界彰夫 2018『『哲学探究』とはいかなる書物か——理想と哲学』勁草書房。
熊野純彦 2005『メルロ＝ポンティ——哲学者は詩人でありうるか』NHK 出版。
古東哲明 2005『現代思想としてのギリシア哲学』ちくま学芸文庫。
佐藤弘明 2018『レジデントのためのこれだけ心電図』日本医事新報社。
菅崎香乃 2016「「心理学の哲学」最初期の思考——ウィトゲンシュタインの関心はどこにあったのか」荒畑靖宏・山田圭一・古田徹也編『これからのウィトゲンシュタイン——刷新と応用のための 14 篇』リベルタス出版、102-15 頁。

杉田浩崇 2017『子どもの〈内面〉とは何か――言語ゲームから見た他者理解とコミュニケーション』春風社。
谷田雄毅 2024「後期ウィトゲンシュタインの美学――理由を与える活動として」『文化』42: 108-28 頁。
永井均 1995『ウィトゲンシュタイン入門』ちくま新書。
永井均 2009『マンガは哲学する』岩波現代文庫。
永井均 2012『ウィトゲンシュタインの誤謬――『青色本』を掘り崩す』ナカニシヤ出版。
中畑正志 2008「アリストテレス」内山勝利編『哲学の歴史 1』中央公論新社、518-639 頁。
野家啓一 1993『科学の解釈学』新曜社。
野矢茂樹 1986「〈…として見る〉の文法――ウィトゲンシュタインのアスペクト知覚について」『理想』632: 150-61 頁。
野矢茂樹 1988「規則とアスペクト――「哲学探究」第 2 部からの展開」『北海道大学文学部紀要』36(2): 95-135 頁。
野矢茂樹 2011『語りえぬものを語る』講談社。
野矢茂樹 2012『心と他者』中央公論新社。
藤子・F・不二雄 1977/2000「宇宙人レポート　サンプル A と B」『藤子・F・不二雄 SF 短編集 4 未来ドロボウ』小学館、125-54 頁。
古田徹也 2006「人間的自然とは何か――言語の習得をめぐるウィトゲンシュタインの考察から」『倫理学年報』55: 113-27 頁。
古田徹也 2016「形態学としてのウィトゲンシュタイン――ゲーテとの比較において」荒畑靖宏・山田圭一・古田徹也編『これからのウィトゲンシュタイン――刷新と応用のための 14 篇』リベルタス出版、135-52 頁。
古田徹也 2018『言葉の魂の哲学』講談社選書メチエ。
古田徹也 2020『はじめてのウィトゲンシュタイン』NHK 出版。
古田徹也 2022『このゲームにはゴールがない――ひとの心の哲学』筑摩書房。
松村圭一郎・中川理・石井美保編 2019『文化人類学の思考法』世界思想社。
松宮智生 2012「スポーツにおけるルールの根拠に関する一考察――ルールの妥当性の根拠を導く解釈的アプローチ」『体育・スポーツ哲学研究』34(1): 37-51 頁。
山田圭一 2009「他人の心の知りえなさについて――ウィトゲンシュタイン最後の思索から」『倫理学年報』58: 203-16 頁。
山田圭一 2021「見ることの日常性と非日常性――アスペクト論の展開と誤解と新たな展開可能性」『現代思想』49(16): 186-98 頁。

谷田雄毅（たにだ・ゆうき）

1987年宮城県生まれ。東京大学大学院人文社会系研究科博士課程単位取得退学。博士（文学）。専門は哲学、とくにウィトゲンシュタイン。現在、駒澤大学、埼玉大学、横浜市立大学等非常勤講師。最近の論文として“Rule and Point: What function does the concept of “meaning” serve?” (*The Review of Analytic Philosophy*, 3(1), 2023)、「後期ウィトゲンシュタインにおける、言語ゲームの「ポイント（Witz）」概念の位置づけ――アスペクト概念との比較を通じて」（『哲学』73号、2023年）、「心的概念の不確実性の問題――ウィトゲンシュタインの「心理学の哲学」の観点から」（『科学基礎論研究』49巻1号、2021年）など。

哲学の問題とはポイントの問題である
ウィトゲンシュタインの中心概念を読む

2024年12月15日　第1刷印刷
2024年12月30日　第1刷発行

著　者　谷田雄毅

発行者　清水一人
発行所　青土社
101-0051　東京都千代田区神田神保町1-29　市瀬ビル
電話　03-3291-9831（編集部）　03-3294-7829（営業部）
振替　00190-7-192955

装　幀　水戸部 功

印刷・製本　シナノ印刷
組　版　フレックスアート

ISBN 978-4-7917-7687-0　Printed in Japan